DECIPHERING SCIENCE SERIES
破译科学系列

王志艳◎编著

U0724307

人类神秘现象
大揭秘

科学是永无止境的
它是个永恒之谜
科学的真理源自不懈的探索与追求
只有努力找出真相，才能还原科学本身

延边大学出版社

图书在版编目（CIP）数据

人类神秘现象大揭秘 / 王志艳编著. —延吉：延
边大学出版社，2012.6（2021.6 重印）
（破译科学系列）
ISBN 978-7-5634-4854-8

Ⅰ．①人… Ⅱ．①王… Ⅲ．①科学知识－青年读物
Ⅳ．① Z228.2

中国版本图书馆 CIP 数据核字（2012）第 115490 号

人类神秘现象大揭秘

编　　著：王志艳
责任编辑：李东哲
封面设计：映像视觉
出版发行：延边大学出版社
社　　址：吉林省延吉市公园路 977 号　邮编：133002
电　　话：0433-2732435 传真：0433-2732434
网　　址：http://www.ydcbs.com
印　　刷：永清县晔盛亚胶印有限公司
开　　本：16K　165×230 毫米
印　　张：12 印张
字　　数：200 千字
版　　次：2012 年 6 月第 1 版
印　　次：2021 年 6 月第 3 次印刷
书　　号：ISBN 978-7-5634-4854-8
定　　价：38.00 元

生命本身是个奇迹，人类的神秘现象更是妙不可言。大千世界，无奇不有。各种各样的奇人、怪人、另类之人……或在历史中曾有，或在现实中存在。有的道听途说、有的文字记载、有的现场目击，有的看似神奇怪异，有的显得扑朔迷离。

我们会不断地发问，人类为何而来？人类的祖先到底是什么？史前人类曾留下什么遗踪？两万年前，矮人曾经主宰过地球？人类的心灵感应真的存在吗？人体可以自燃、可以漂浮吗？有奔跑能超过马匹，头脑超过计算机的超人吗？人类创造过几种类型的文明？神秘的金字塔、英国的巨石阵、复活节岛上巨石人像，这些古老的符号都在见证什么？人体为什么会莫名其妙地燃烧起来？有的人为什么喜欢吃毒蛇、蜈蚣、蟾蜍、泥土、汽油、书本、玻璃等？印度"人骨湖"有何秘密？人体散发冷光的原因何在？为什么法国圣女死后肉身百年不腐？左撇子更聪明吗？

本书以独特的视角审视人类种种神秘诡异之现象，以探索的眼光研究各类谜题，深层次挖掘神秘现象背后的真实内幕，力求使冗长的讲解变得趣味化，又不失其真实感，帮助读者深入解读种种神秘现象，感受不一样的阅读刺激和揭秘快感。同时，本书也力图让读者明白，面对种种的神秘现象，人类更应该发挥自己的潜能，勇敢地迎接挑战，创造奇迹，开创人类纪元崭新的一页！相信我们的世界将会更加美丽，也相信本书将引导广大读者朋友开阔视野、挣脱束缚、摆脱愚昧，步入新知识的殿堂！

本书在编写过程中，参考了大量相关著述，在此谨致诚挚谢意。对书中存在的纰漏和不成熟之处，恳请各界人士予以批评指正，以利再版时修正。

目录
CONTENTS

目 录
CONTENTS

秦人墓为什么朝向东方

在对秦国的古墓发掘中，人们发现秦国人的葬俗与中原地区的传统葬俗有许多的不同特点，其中之一就是墓的朝向。先秦时期，中原地区的葬俗是死者北首而葬，墓向朝南。但是，秦公陵园钻探和发掘的32座大墓全部朝向东方，著名的秦始皇陵也是朝向东方的。人们十分不解，秦墓为什么要朝向东方呢？

有人分析，当时作为诸侯国的秦国，地处西陲，正想向东方扩张吞并六国，这种葬仪体现了秦公东进的信心。但这种观点一出，立刻遭到了反驳，有人发问，如果秦公墓东向是为了东进，那么秦始皇统一六国后，已经完成了东进的愿望，为什么秦始皇陵还要朝向东方呢？

有人根据《史记·秦本纪》的记载考证，认为秦人与东方的殷人、夷人都起源于"玄鸟陨卵"的传说，他们都有着共同的图腾崇拜，另外，秦人祀奉的少皓之神也居于东方，因此，正因为秦人起源于东方，东方是他们祖先生活过的地方，所以他们才会对东方具有这种特殊的感情。由于秦人迁居西陲的年代久远，西陲距海岱又路途遥远，中间且有强敌阻隔，没有必要也没有可能像齐太公子孙"返葬于周"那样去追随祖先，而这种朝向东方的葬俗恰恰能表达出他们不忘其本的心理。

这种解释，仅仅是根据文献得出的结论，并不能令人彻底信服，有人还从原始宗教信仰的角度，对秦人墓向朝东之谜做出了解释。

由于目前关于秦人的来源、秦文化渊源的问题还持有不同看法，作为一种葬俗的墓向问题还没有确实的文字记载，因此，要想弄清秦墓东向的问题，还有相当大的困难。

天马山护珠塔不倒之谜

护珠塔又名宝光塔，建于1079年，是一座7层八角形的砖木结构的楼阁式宝塔，现高30多米。在1788年，山上因作佛事，燃放爆竹，引起火灾，烧毁了塔心木和各层木质结构，引起塔身倾斜。

现在护珠塔向东南倾斜6°51′52″，有人认为它比世界著名的意大利比萨斜塔倾斜得还要厉害，是世界第一斜塔。

200多年来，护珠塔虽倾斜，却始终屹立于天马山颠，斜而不倒，究其原因，众说纷纭，现择数说，介绍于下：

说法一：根据地质构造来分析的，据有关专家考察，天马山护珠塔是建造在沉陷不匀的地基上，东南方向土质较弱，西北方向土质较强，塔于是向东南方向倾斜。但浙江一带多东南风，护珠塔建在天马山顶，四周空旷，所受风力更强，在塔的倾斜力与风力相平衡时，护珠塔能迎风挺立，斜而不倒。

说法二：根据古代建筑技术来解释，认为古代造塔技术的高超所致。古代用糯米汁拌以桐油、石灰，来黏合砖块。这种黏合剂的强度丝毫不亚于现代的水泥砂浆，据说用这种黏合剂的建筑，时间愈久愈坚固。在考古发掘中，常发现古代的坟墓是用糯米汁拌以石灰等作为黏合剂的，现在发掘古墓时，还要花费很大的力气才能把它拆除。护珠塔利用这种优良的黏合剂，加上古代砌砖技艺的精湛，使护珠塔能够浑然一体，塔砖不至于一块块塌落下来。

两个世纪以来，无数次的狂风暴雨，把山下的房屋都吹倒了。1954年刮12级台风，吹倒了塔下的大殿。1984年黄海地震，上海市区的房屋也受到摇摆震动，但是护珠塔突兀地挺立在天马山巅，犹如一把利剑，直刺青天，迎风屹立，岿然不动。由此，我们真的不得不佩服古人的智慧，在生产力相对落后的年代，还能建造出如此坚固的塔来，真是了不起啊！

△ 天马山护珠塔

"割体葬仪"之谜

在我国原始社会的一些氏族墓地中，经常发现一种奇特现象，即常见一些骨架是缺失手指或脚趾的，而有些手指或脚趾却被放置在墓里随葬的陶器中。发掘表明，这种奇特的现象决非后期小动物扰乱或考古工作者不慎所造成，而是五六千年以前曾经流行过的葬俗，考古界一般称之为"割体葬仪"。为什么原始社会流行这种葬俗？学术界对此议论纷纷，说法不一。

我国新石器时代的"割体葬仪"，是解放初期在著名的陕西西安半坡遗址发现的，这个遗址的墓地中有些墓葬的骨架没有手指或脚趾，而在随葬的陶钵或填土中却发现了死者的指骨，这种现象引起了考古学家的高度重视。后来，在临潼姜寨以及甘肃永昌鸳鸯池、青海乐都柳湾、河南洛阳矬李、黑龙江密山新开流、福建闽侯昙石山等遗址中都发现了明显的"割体葬仪"。上述原始社会遗址所涉地域十分辽阔，由此可见这种葬俗分布之广泛。实际上，发现这种奇特葬俗的新石器时代的遗址还有很多，延续的时间至少有两千多年。

中外民族学调查材料中还可以寻觅出这种葬俗的遗风。日本北部的虾夷人，参加葬礼时死者的子女要割破自己的前额，寡妇和鳏夫则用锋利的贝壳剃头；美国西部草原的喀罗人，参加葬礼的本氏族成员会割掉自己的手指、割破大腿、撕破手腕、戳破头皮，使每个人全身鲜血淋漓；凡此种种，不一而足。这些现象，显然并非去切割死者的肢体，而是死者的亲属身体自残以示哀悼。不过，许多人认为，新石器时代的墓葬中发现"割体葬仪"者，随葬的手指、脚趾甚至腿骨也并不一定都是死者本人的骨架缺失部分，所以上述这现象显然与"割体葬仪"有关。另外，有的学者反对这种看法，认为"割体葬仪"仅是死者本氏族成员及亲属为避免死者的"灵魂"返回人间

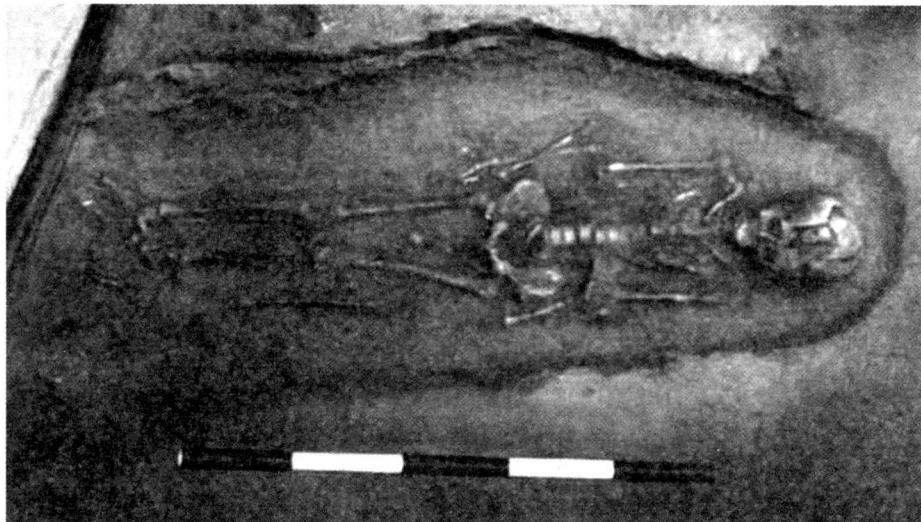

△　割体葬仪

"作祟"，而实行对死者的断指、断趾或砍伤手足的做法，当然，这也有许多民族学的调查资料可以证明。

近百年来，国内外不少历史学家、考古学家、人类学家和民族学家研究了原始社会这种在葬礼中伤残肢体的习俗。虽然学者们的看法不尽相同，但是有一点是一致的，这就是他们都相信原始氏族社会的人们信仰超自然的力量如世界各地普遍存在"万物有灵"、"灵魂不灭"的观念，并通过不同形式的祭祀活动以沟通人与"鬼神"之间、生者与死者之间的关系。"割体葬仪"无论是伤残死者的肢体或死者的亲属自我伤残，都出于对"神灵"的敬畏。

目前，我国考古界对原始社会的"割体葬仪"大体有三种不同意见：

一种意见认为"割体葬仪"的目的是伤残死者尸体，以防止其"灵魂"的"恶煞"返回危害其亲属。

另一种意见认为"割体葬仪"是生者伤残自身肌体以祭祀死者。

第三种意见，基本上是前两种意见的综合，即认为"割体葬仪"在数千年流行时应包括伤残尸体以"避邪"和伤残自身以"献祭"。

因缺乏具体史料记载，原始人的这种做法我们现在只能是对其推测，事实究竟是怎样的呢，我们现在还无从知晓。

古人头骨变形之谜揭秘

1933年，我国考古工作者在北京周口店龙骨山山顶洞内发现了一些远古人类的化石。为了区别于周口店龙骨山出土的北京猿人，被命名为"山顶洞人"。根据同位素C14测定，山顶洞人的年代距今为1.8万年，属于更新世晚期的新人，体形上类似蒙古人种，因此被认为是蒙古人种的祖先。令人惊奇的是，科学家们在这些头颅化石上发现，额骨中间经顶骨至枕骨绕颅骨一圈有一条明显的带状下陷痕迹。这些陷痕有一定规律性，不像外伤引起的，那么，这到底是怎么回事呢？1936年，瑞典人类学家魏敦瑞推断，这些陷痕是人为的外力长期压迫造成的。他指出，山顶洞人可能像现代一些氏族一样，在采集劳动中习惯将箩筐的背带放到头的额部，便使得额部经常受到一种人为的压力，限制了部分额骨的发育，造成头骨变形。按照魏敦瑞的说法，颅骨变形是由长期的劳动习惯引起的。

后来，考古工作有了新的进展，断断续续又发掘出了不少远古人类化石。人们同样惊奇地发现，不少颅骨化石同样也有颅骨改形现象，如新石器时代的大汶口和西夏遗址中的人类化石；内蒙古境内发现的扎赉诺尔人化石；1981年发现于吉林省的前郭人化石；河南省淅川新石器时代的颅骨化石等都有着明显的颅骨改形痕迹。这些畸形主要表现在前额、后枕和两颞部，而颅底的改变甚少。归纳起来，其改变主要有三种形状：一、环形。以前郭人的颅骨为代表；二、楔形。河南淅川新石器时代人类颅骨改形属此类；三、混合形。扎赉诺尔人的头颅变形便是如此，即前后改形和环形压痕同时出现。

由于提供研究的资料越来越多，大多数人认为头颅变形是人们有意识地使用压力造成的。然而，非常有趣的是，远古人类改形的情况不但中国有，世界上其他国家，如智利、秘鲁、阿根廷、墨西哥、美国、德国等国家都曾报道过远古人们颅骨改形的情况。世界上这些国家远古人们颅骨改形与中国远古人类颅骨改形是偶然巧合呢，还是有着某种内在的联系呢？有人提出，从我国出土的情况看，环形改变的颅骨主要分布于东北地区，特别是在吉林省西部；而混合形仅出现于内蒙古东北的扎赉诺尔；楔形的分布较广，从山东到湖北的汉水流域均有发现。由此可见我国改形颅骨集中在祖国的东北部。从据现有资料看，我国头颅改形最早的是山顶洞人，年代距今18865年左右；扎赉诺尔人年代为距今1万年左右；前郭人年代约为距今7800年，平均也应该在1万年以前。而国外出土的最早颅骨改形人类是秘鲁中部高原出土的人类化石，年代约为距今7500～8000年前，比中国要晚得多。同时，国外颅骨改形主要集中在美洲，而且其头颅的改变与中国出现的类似。根据这些情况推测，美洲人颅骨改形可能是受中国人的影响，或者美洲人的祖先可能就是中国人。

至于人们用什么方法来改变头颅形态呢？一般认为有 3 种方法：一、用箍带绑头部，使头颅上留下环形痕迹，前郭人就是采用这种方法；二、用硬平板前后紧夹头部，其颅骨为前后扁平形态；三、睡摇篮，使得颅骨成为楔形改变，河南淅川出土的头颅即如此。

那么，远古人们为什么要改变自己的颅骨呢？对于这个问题，现在还没有一个令人信服的答案，只有两种推测，除了前面提到的劳动习惯所致以外，也有人提出"装饰说"。他们认为从一个墨西哥北部古代居民头部壮观的装饰可以得到启示，这种装饰显然是有目的性的，可能是一种社会地位的标志。可以设想，要在一个头部上进行各种装饰，不管动物形象的装饰或者是其他黏性壮丽的装饰，其重要条件是要在颅骨上造成一个基础，即头部的形态基础，因此在进行装饰之前必须进行一些基本的改形。首先，可能用箍带或板状硬板把头部捆绑，使头骨下陷，作为缠箍带的基础，再进行花样繁多的头部装饰。然而，在我国各种远古人类化石的遗址中，几乎没有随葬的装饰品，只是在前郭人的遗址中发现了一些骨制的和砾石制的小装饰品。这种小装饰品是不是需要头骨改变形态来作为基础呢？显然是值得怀疑的。因此，到目前为止，远古人类为什么要进行头骨改形仍然是一个谜。

"东方金字塔" 为北斗星图案之谜

西夏王陵是西夏历代帝王陵墓所在地。770多年前，西北大地耸立着一个与宋、辽鼎立的少数民族王国——"大夏"封建王朝，西夏语为"大白高国"。因其位于同一时期的宋、辽两国之西，历史上称之为"西夏"。

西夏王陵坐落在银川市西郊的贺兰山下，距市区大约35公里，是中国现存规模最大、地面遗迹保存最完整的帝王陵园之一，与北京明十三陵、河南巩县宋陵相当。王陵中独特的陵塔素有"东方金字塔"的美誉。

陵区南北长10公里，东西宽4公里，里边分布着九座帝王陵和140多座王公大臣的殉葬墓，占地近50平方公里。自从20世纪70年代西夏王陵被发现以来，它的面孔一直是若隐若现，迷雾重重。这座陵墓动工于李元昊时代，这在专家们中被一致认可。其中，规模最大的三号陵应为李元昊之墓。但是，由于当年高大的墓碑全部被毁，其余各个墓的主人是谁也就成了未解之谜。

几年前，一个关于西夏王陵精确的坐标绘图在专家们的手中完成。不久有人发现，九座帝王墓的组成正是一个北斗星的图案，而它的陪葬墓也是按各种星象的布局来设计的，这使西夏王陵更加增添了神秘的色彩。为什么墓群会排成这种图案，这种图案有何特殊的意义，这些疑问至今无人能解释清楚。

随着西夏王陵的发掘和有关研究的进展，"东方金字塔"之谜必将被破译，当年突然湮灭的西夏文明也必将重见天日。

中国盗墓史上的"死人复生"之谜

　　"死人复生"，这听起来似乎是痴人说梦。我们常在劝失去亲人的人时，会安慰说"要节哀顺变，人死不能复生"。但是，散见于各类正史、野史中的因为盗墓，死者得以复生的故事到底是真还是假呢？有的甚至更离奇，埋葬了十年、几百年的人都能尸体不腐，最终复活。

　　东汉以后的史书中，这方面的记载比较多。如《后汉书》中记载的"李娥复生"一事，就是广为人知的。《后汉书》第27卷是专门记录奇闻怪事的，"死而复生"的记录有好几条，其中，有一条是这样的："建安四年二月，武陵充县女子李娥，年六十余，身故，以其家杉木槽敛，瘗于城外数里上，已十四日，有行闻其頕中有声，便语其家。家往视闻声，便发出，遂活。"

　　《后汉书》是南朝史学家范晔编撰的一部记载东汉190多年间历史的正史，而且此书的特点是"简而且周，疏而不漏"，一经问世就得到了学术界的公认。那么这部正史中记载的"李娥复生"一事是否可信呢？

　　建安四年，也就是公元193年，天下大乱，董卓专权，到处兵荒马乱、民不聊生，盗墓现象十分严重。曹操在军中设"发丘中郎将"、"摸金校尉"，专营盗墓。因此这一时期与盗墓有关的趣闻相对比较集中。李娥墓被盗而复生的故事，便侧面反映了这个年代民间的盗墓现象。后来，宋人李昉等编著的《太平广记》也收录了此故事，列入第375卷"复生一"中。

　　《太平广记》共有12卷（第375～386卷）是谈"再生"故事的，其中第375卷是专门记录与"发冢"有关的复生现象，共有20例。这些故事大多发生在东汉末年至魏晋南北朝时期，由此可见这段时间里民间盗墓的严重程度。

　　《太平广记》中还有一则"范明友奴"再生的故事，史书上也曾有记载，"汉末人发范明友冢，家奴死而再活"。这里的"发冢"就是盗墓，范明友是汉武帝时名将霍光的女婿。据说这个家奴复活后，其所讲霍光家事，与《汉书》所记相符合，令人称奇。

《博物志》还记录了一个宫女"死而复生"的故事。汉代末年，关中时局大乱。这时，盗墓贼掘到了一座西汉宫女的坟冢，打开后发现，那宫女竟然还活着。后来，魏国郭太后将这名宫女收做侍女，十分爱惜。郭太后有时间她西汉时宫里的事情，她也能说得清清楚楚，时间顺序都不会出错。郭太后去世后，这个宫女因悲伤过度而死。这则故事在正史中也有记载，《晋书》（志第十九）、《宋书》（志第二十四）均有记载："时又有开周世冢，得殉葬女子，数日而有气，数月而能言，郭太后爱养之。"

《搜神记》是一部志怪小说，记录的都是当时在民间流传的各类奇闻怪事。而干宝萌生写作在今天看来荒诞不经的《搜神记》，则是因为发生在他家里的一件自己亲历的"复生"事件。干宝的父亲干莹，有个宠爱的婢女，干宝的母亲很嫉妒她，在干莹死后下葬时趁机将婢女推入了坟中陪葬。十多年后，干宝的母亲死后要与父亲合葬。挖开坟后，却发现被活埋的婢女像活人一样，拉回家一天之后苏醒了，叙说在阴间干莹对她恩爱如旧。据说，这位婢女后来还嫁了人，生了儿子。还有一件怪事，是干宝的哥哥因病死了，但奇怪的是，死后尸体一直不冷，几天后竟然复活了。由于这两件事的影响，干宝开始"搜奇记逸"。

唐人萧吉编撰的《五行记》收录了干宝家发生的这件事情。使这件事情广泛流传，正史也自然不会遗漏，现在多见于《太平广记》。

仿《山海经》而作的《神异录》中收录了一则"邺中妇人"的故事：隋末起义军将领窦建德在没有资助、粮食的情况下，为了维持义军的日常开销，只好盗墓掘宝。巧合的是竟然盗到了魏文帝曹丕皇后的宫女墓。这名20来岁的女子，就像活着一样躺在棺材内，不一会儿，竟然能喘气。葬于三百年前的宫女，三百年后竟然复活了。

除此之外，在一些史书中，所记与盗墓有关的复生故事还有不少。

明帝太和三年，曹休部曲丘奚农女死复生。（《晋书·志第十九》）

晋武帝咸宁二年十二月，琅琊人颜畿病死，棺敛已久，家人见梦畿谓己曰："我当复生，可急开棺。"遂出之，渐能饮食屈伸视瞻，不能行语，二年复死。（《亚书·志第十九》、《宋书·志第二十四》）

太原人发冢破棺，棺中有一妇人，问其本事，不知也，视其墓木，可三十岁。（《晋书·志第十九》、《宋书·志第二十四》）

孙休永安四年，安吴民陈焦死七日复生，穿冢出。干宝曰："此与汉宣帝同事，乌程侯皓承废故之家，得位之祥也。"（《晋书·志第十九》）

献帝初平中，长沙有人姓桓氏，死，棺敛月余，其母闻棺中声，发之，遂生。（《后汉书·志第十七》）

光启元年，隰州温泉民家有死者，既葬且半月，行人闻声呼地下，其家发之，则复生，岁余乃死。（《新唐书·志第二十六》）

元康中，梁国女子许嫁，已受礼娉，寻而其夫戍长安，经年不归，女家更以适人。女不乐行，其父母逼强，不得已而去，寻得病亡。后其夫还，问其女所在，其家俱说之。其夫迳至女墓，不胜哀情，便发冢开棺，女遂活，因与俱归。后婿闻知，诣官争之，所在不能决。秘书郎王导议曰："此是非常事，不得以常理断之，宜还前夫。"朝廷从其议。（《晋书·志第十九》）

我们常说"人死不能复生"，但是在很多的正史和野史中出现过如此多的因盗墓而复生的记载，可见并非偶然，必定有其深层次的原因。这些"复生"的现象多出现在魏晋时期，就是因这是中国历史上的盗墓高峰期，盗墓多，这样的故事自然也就多了。如果说野史中有这样的记载，我们完全可以看做是杜撰、传说的话，那正史中也出现这样的记载，就不能轻易地、简单地以此论之了。肯定的答案恐怕谁也不能给出，是真是假只能是一道盗墓谜题了。

法门寺的佛骨灵光是佛祖显灵吗

1981年秋天一场暴风雨席卷了陕西的关中平原地区，一座历经千年的佛塔不堪风雨的侵袭轰然倒掉了半边，埋藏千年的秘密开始在人们的视线中若隐若现，是真是幻一时众说纷纭。

这座倒塌的佛塔，就是位于西安西面一百多公里扶风县的法门寺。传说中法门寺塔就是一座佛教舍利塔。史籍中记载着法门寺塔下有地宫，里面埋有释迦牟尼的一节指骨舍利和无数珍宝，但后人一直无法断定这是真实的存在还是虚幻的传说。

舍利是指佛祖释迦牟尼灭度后的骨身等遗物，在佛教界为至高无上的圣物。世间所传多为玉质、骨质代用或后代高僧大德所遗，法门寺所藏舍利则为唐代八位皇帝先后七次迎奉的佛祖真身指骨舍利。1987年出土时共四枚，其中一枚灵骨，三枚影骨（指当年以玉质仿造的"影射之骨"）以数千件御用珍宝供养，俱为世界仅存之法身。最令人惊讶的是，那一节佛指舍利竟然安然无恙，在佛教界是至高无上的圣物，更奇异的是发现地宫的这一天正是"佛诞"日。

当塔重建后，西安有关方面在1988年曾举办过一个巨大庆典——释迦牟尼真身舍利瞻法礼会。当天，数百名高僧和十万信众汇聚法门寺，晚上零点三分，一枚放置在主席台上的舍利中生出一股烟云似的东西，在这枚舍利上方17厘米处形成一个耀眼的光团。地宫中诵经之声顿时大振，灵骨之上瑞光流溢，霏霏上涌，突然出现了灵骨的竖像。据说目睹此景的数百位中外高僧当时无不惊奇万分，诵经之声震耳，场外数万名僧俗激动呼喊"佛祖显灵"，喊得地动山摇！

这件事简直神乎其神！科学家的解释是由于光的折射，也有人推测，当时在场的僧俗中有气功大师，因其发"外气"所致。

无独有偶，几年后，法门寺迎接香港宝莲寺圣一法师一行，在佛龛前由监院静一法师主持举

△ 法门寺地宫出土供奉佛祖释加牟尼真身佛指舍利的八重宝函

行庄严的祈祷法事，忽然两道金光闪现，摄影师立即抢拍，冲出胶卷一看，"人"字形红光将两位法师与其他人隔开，而且两位法师静一和圣一法师身体上重现了地砖的图案。佛教界认为两位法师修行已达到很高的境界，已入佛门，身体往往是透明状，是为"琉璃体"。

1994年9月29日，法门寺内10万僧众诵佛之声震天动地，在"法门寺佛骨赴泰供奉澄观和尚升座大雄宝殿开光庆典仪式"即将举行前夕，各地单位在锣鼓唢呐的欢送下，一批又一批地抬着牌匾、镜框、澄观大和尚的半身像等纷入大雄殿。这时突然"天现瑞光"，在法门寺真身宝塔和博物馆珍宝阁之间的天空上突然出现两层五色光环，有人喊"佛光显灵"，这时诵经声、锣鼓唢呐声混作一起，一浪高过一浪。

对此有不同说法：

一、佛教徒说是释迦牟尼大师显圣人间，标志着末法时代的结束，尊法世纪的到来。但从科学的角度上来说，这种说法无论如何也说不通。

二、有人认为许多修行好的人在修法诵经时，同时对准佛骨发功，能量会聚而撞击上涌，产生发光现象。

三、物理学家认为这可能是一次放电现象，但是时间却如此巧合实在令人惊奇。

这一现象究竟是什么原因导致的，没有谁能给出准确的答案，或许这种猜测，更能增加佛法的神秘和无边吧！

"魔鬼谷"的怪异现象之谜

"魔鬼谷"地处阿尔金山自然保护区东端，若羌县与青海省交界处的昆仑山区，西起库木库里沙漠，东到布仑台，全长100公里，宽30公里，平均海拔3000余米。南有高耸入云的昆仑山主脉，北有祁曼塔格山阻挡着柴达木盆地夏季干燥而炎热的空气，两山夹峙，使得这片土地雨量充足，气候湿润，谷中大小湖泊星罗棋布，牧草繁茂，四季常青，好似一条绿色的地毯，是个很好的天然牧场。然而，就是这个景色怡人的峡谷，却被当地牧民称为"魔鬼谷"，视为有魔鬼的禁区，充满着恐怖的气氛。

△ 魔鬼谷

在当地流传着许多关于"魔鬼"的神秘传说："魔鬼谷"天气晴朗时还好，一旦遇上天气变化便变得阴森恐怖，平地生风，电闪雷鸣，特别是滚滚炸雷震得山摇地动，同时还夹杂着蓝莹莹的鬼火，人求救的枪声和牧民及挖金者绝望而悲惨的哭嚎，有时，成片的树林被烧焦，人和动物一碰上了便要遭到雷击，绝无生还。

当地的人们都对这块神奇又恐怖的地方充满了恐惧，"魔鬼谷"之名也因此而来。

△ 魔鬼谷的雅丹地貌

"魔鬼谷"之谜引起科学家的极大兴趣，他们正在努力探索，以期尽快解开"魔鬼谷"之谜。近些年来，对于恐怖的气象变化科学家们已经给出了一些答案。

科考人员通过考察，发现谷地的地下全都是强磁体玄武岩体，同时还分布了30多个铁矿及石英闪长岩体。这两种岩体所形成强大磁场的电磁效应，引来了雷电云层中的电荷，由于湿空气受昆仑山主脉和祁曼塔格山脉的阻挡，汇集谷内，形成雷雨云，加上地下磁场的作用，使之空气放电形成闷雷炸响。雷电一旦遇上地面突出物体，就产生了放电现象，牧场上的人、畜和高大的树木自然就是雷击的目标。

虽然这一问题得到解决，可是当地的居民所说的"蓝莹莹的鬼火，人的求救的枪声和绝望而悲惨的哭嚎"又是怎么回事呢？是人们仅凭想象杜撰出来的，还是确有其声，而这些声音又是怎样形成的呢？对这些问题目前还尚无定论。

千年古井能将钱币放大之谜

雷台是古代祭祀雷神的地方，因在10米高的夯土堆上建天顺年间的雷祖观而得名，数百年来香火不绝。1969年9月的一天，武威县（今凉州区）群众在此挖防空洞时发现了古墓，出土了文物珍宝"马踏飞燕"。但让此地闻名的并非珍贵文物，而是古墓中的一口神奇的古井。

△ 雷台古墓

古井位于雷台东南角，距墓道入口2米处，贯穿了整个夯土层，与墓道相邻，一直修到古墓中。古井深12.8米，是用典型的汉代古薄砖砌成，底部以"人"字形方式砌成，在我国考古中也不多见。据考证，这口古井到20世纪90年代中期才逐渐干涸。

为何说这口古井神奇呢？这是因为古井能将放入其中的钱币放大，因此有"见钱眼开的古井"之名。在十多年前，维护人员在对古墓做例行检查时，无意中掉到井里一元钱，人们意外地发现，钱在井底竟被放大了许多。随后大家反复试验，发现扔下去的纸币确实也会被放大，就像在放大镜下一样。这种奇怪的现象自然引起了人们的注意。按照常理，从12.8米的高度看井底的钱币，感觉应当是缩小了，而古井为何具有神奇的放大作用呢？

当地的百姓都认为这与神灵有关，还有人提到了一个更神奇的传说：

东汉时有一小吏，家境贫寒，常常梦想能变成富人。一日他上了雷台，将自己的苦闷讲述给当时的道长听，道长笑笑后对他说，"凭你一个小吏，想成为富人是不可能的，除非在梦中。"小吏叹道，即使是在梦中当一次富人也行。于是道长便将他引到古井旁，让小吏扔一枚铜钱，谁知神奇的事情发生了，小吏的那枚铜钱变得跟井底一样大，还在闪闪发光，小吏财迷心窍，一下跳进井里，扎在了铜钱眼里。此后，井里每每掉进钱币就会产生放大的效果。很多人传言：这是墓室的主人显灵了！古老的雷台因此披上了一层神秘的面纱。

国内许多专家、学者对其进行了仔细研究，均认为这是一种物理现象，而并非灵异之事，但究竟是什么科学原理，至今还没有一个统一的说法。总结各种说法如下：

说法一：空气折射的效果。井下可能悬浮着某种比重和密度大于空气的气体，光线透过这种气体的界面时产生了折射，从而形成放大作用。

说法二：反射效果。一般见到的水井，井壁大多直上直下，这口古井呈腰鼓状，距井底1米处的壁砖呈"人"字形堆砌，这种独特的造型经过光线的反射能产生意外的放大效果。

说法三：空气温度与湿度的综合作用，即因井中心的温度低，边缘的温度高而出现的放大现象。具体说来，就是在同等介质的气体中，温度高湿度小的地方空气对光线的折射率就低，温度低湿度大的地方空气对光线的折射率就高，放大效果就强。只要能测出井底附近的空气温湿度存在的差异，就能找到这个隐藏在空气中的"放大镜"。虽然这一理论有一定道理，但工作人员用一般的指针温湿计测出井底与井口的温度相差两度，湿度相差10%，却无法测出井底中心位置和边缘位置温湿度的微妙变化。

以上三种说法虽然都有一定道理，但又都存在一定的漏洞，因此，到现在为止，古井为什么能把钱币放大还没有一个定论。

除此之外，这口古井还有很多未解谜团，如古井井底横担一根粗大的圆木，是作何之用？古井下面会不会还有其他秘密？这些谜题的答案不知要等到何时才能揭开。

"死亡公路"有何秘密

在我国兰（州）新（疆）公路上430千米处的路段，这里每年车毁人亡的重大恶性事故，少则发生十几起，多则二三十起，事故的发生率明显高于其他路段，而且翻车的原因也是神秘莫测。一辆正常运行的汽车行驶到这里，有时便像飞机坠入百慕大一样，突然莫名其妙地翻了车。尽管司机们严加提防，但这种事故仍不断发生。这段公路看起来和别的路段没有什么不一样，同样的宽阔平坦，视野也十分开阔，但就是总莫名其妙地发生车祸事故。因此，人们称其为"死亡公路"。

相关专家查看后发现，430千米处的每一次翻车事故，翻车的方向全都是朝着北方。于是，有人推测，这个神秘的430千米处以北，可能有一个很大的磁场，当汽车行驶到这里，就会被磁场的吸引力吸引过去，这样就会发生事故。不过，这种看法听起来好像很有道理，只不过还没有经过科学家们的论证。也有人认为，这里的道路设计肯定有问题。交通部好几次改建这段公路，可是，不管人们怎么想办法改建这段公路，神秘的翻车事故还是不断出现。

无独有偶，在美国爱达荷州的州立公路上，有一处被司机们称为"爱达荷魔鬼三角地"的路段，在离因支姆麦克蒙14.5千米处，正常行驶的车辆一进入这一路段，就会被一股神秘的力量突然抛向天空，继而重重地摔到地上，往往造成车毁人亡的惨剧。据统计，在这个地方，已有17个人以同样的方式失去了生命。但是，司机威鲁特·白克却是个幸运者。

一个风和日丽的日子，威鲁特·白克走出家门，登上了他那辆2吨重的卡车。不一会儿，他就驶上了爱达荷州的州立公路。汽车向前疾驶，一切看起来都没有什么异常。但是，当汽车驶入"爱达荷魔鬼三角地"路段时，原本正常行驶的汽车，突然失去了控制。威鲁特·白克感觉到了一股不知从哪里来的神秘力量，让他不能控制自己的汽车，汽车迅速偏离了公路，向路边直冲过去。威鲁特·白克急忙想把汽车控制住，可是，那股神秘的力量直接把汽车"扔"了出去。卡车被撞坏了，但是幸运的是威鲁特·白克只是受了点伤，并无大碍。

在波兰首都华沙附近也有类似这样一个让司机们感到头疼的恐怖之地。当司机们驾驶着汽车来到这里，突然间就会感到脑袋昏昏沉沉的，几乎要失去知觉一般，在这种情况下，自然是车祸频频发生。因此，许多司机在途经此地时，宁可多走弯路，也不愿从这里经过。更有意思的是，途经这里的动物，比如猪、狗等动物一进入此地就会有异常表现，似乎也不愿多逗留。但是，像猫、鸟、蛇这样的小动物在这个地方却生活得很好，没有丝毫类似的症状，而且看起来根本就不受任何的影响。生长在这里的植物也是分成了"两派"，像苹果树、枣树、杜鹃花这样的植物，在这里根本就活不成，种下去没有多少日子就会死掉。可是，像枫树、柳树、桃树这样的植物，却在这里生长得枝繁叶茂。

这些神秘的现象，不但引起了人们的好奇，同样也引起了科学家们的思索。他们试图揭开死亡公路的真正原因，从而降低交通事故的高发率。虽然对死亡公路有一些理论上的解释，但并没有得到众多学者的一致认可。

对于华沙的死亡公路，科学家们进行了大量的考察和研究后认为，这种现象的产生是由地下水脉辐射的影响造成的。这里地下有重叠交叉的地下河流组成的河水网，地下水脉的辐射量较之宇宙射线要强好几倍，司机受到辐射后便失去自制能力。可是，科学家们却没有办法搞清楚，这里的地下水脉到底跟别的地方的地下水脉有什么不一样，这种奇怪的现象是怎么造成的，至今仍是一个难解之谜。

至于美国"爱达荷魔鬼三角地"的神秘原因，至今更是一团迷雾，无人知晓。

死亡之丘是怎样形成的

1922年，印度考古学家在一个荒岛上意外地发现了一处规模宏大的古城市废墟。这座城市废墟位于印度河下游，从古城废墟挖掘出来的遗骨看，古城里的居民几乎死于同一天同一时刻，因此，这座古城遗址就被命名为"死亡之丘"。

古城遗址分为东西两部分，西部地势较高，集中了许多建筑物，可能是供统治者居住和举行大型活动的地方；东部地势较低，可能是居民区。遗址的城墙高大宽厚，用烧制的砖石砌成。经考证，这座古城的形成年代大约在公元前2500年到公元前1500年前。但是，城内街道与建筑已颇具近代城市的特征了，南北和东西大路交错纵横，把街市分划得井井有条，10米宽的大道两旁均有完整的下排水设备，居民住宅临街而建，几乎每家每户都配有浴室、厕所和排水管道，而且与大路两旁的排水道相连接。城内还有大型的浴场、粮仓、餐厅等建筑。在这里出土了不少珍贵的文物，有精致的陶器、青铜器、各种带有文字的印章等，显示出很高的文明程度。

在古城的发掘中，人们发现了许多人体骨架，从其姿态看，有人正沿街散步，有人正在家休息，灾难是突然降临的。从遗址情况看，当时没有地震、洪水、火山爆发等大的自然灾害发生，也没有瘟疫发生的迹象。

是谁创造了如此文明的城市，又是谁使这里突然变成了死亡之丘呢？由于这里遗留下的文字至今无法正确解读，因此，人们一直无法解开死亡之丘的神秘谜团。

有的学者认为，是居住在当地的土著达罗毗图人建造了这座城市，也有人认为它是来自北方雅利安人创造的，还有人认为这是两河流域的文明传播到这里。至于为什么一夜之间这里就灭绝人迹了，更是众说纷纭，充满了猜

△ 死亡之丘——摩亨佐·达罗

测性。有的学者根据城内有些遗迹像是爆炸过的样子，提出这座古城发生过一次大爆炸，爆炸中心的所有建筑物都被夷为平地，使这里的居民遭受到了毁灭性的打击；也有的学者根据地质资料记载推测，公元前1700年前后，印度河流域曾发生过一次大地震，就是这场大地震使这里的城市与居民毁于一旦；还有学者根据对一些遗骨身上刀砍痕迹的观察，认为这里曾发生过外族入侵的事件，入侵者对城内居民进行了灭绝性屠杀，使这里变成死亡之丘。

"食人岛"揭秘

索具在风中劈啦作响，风帆张满，稍微倾斜的船身随着起伏的波浪航向大海。这不是一艘普通船只，而是十足仿照八世纪阿拉伯帆船构造、用大象从印度马拉巴海岸森林拖来140吨坚硬木材建造的仿古船。船长28米，船上高18米的主桅和22米的主帆桁，都以手工用整棵树干雕制而成。同时，由于中古时代阿拉伯人造船不用铁材（当时铁极昂贵罕有，铁钉又容易使木材破裂），这艘20世纪仿造的船只，建造时也不用一枚铁钉，船板和肋材上的20000个孔眼都是手工钻出，再用总长约650公里的椰子纤维绳索将它们缀合而成。

《天方夜谭》中所载的传奇商人辛巴达，就是乘坐这样的一艘船进行了七次航行，从巴格达和巴斯拉港（伊拉克境内）出发探险和追求财富。辛巴达也正是乘坐这样一艘船航行到巨鹏谷（巨鹏据说是可以把整头大象吞下的巨鸟），到恐怖的"海上老人"家乡，而且航遍了《天方夜谭》书中所描述的很多其他离奇古怪、子虚乌有的地方。

现代这一次航行，所有船员可不是故事中的人物。这艘船在波斯湾海岸建成，命名为"苏哈尔"号（据说苏哈尔是辛巴达出生地），船员都是阿曼酋长国的阿拉伯人。这艘船的起航日期是1980年11月某一天，由一位名叫薛弗林的英国人指挥。他专长于验证古代传说中的种种事物，方法是到现场实地测试以证真假。

这次航行的前3年，薛弗林乘坐过一艘用木材和皮革造成的11米长小船，从爱尔兰航行到新西兰，从而证明6世纪时一名爱尔兰修士圣布伦丹可以乘坐类似的小船，在哥伦布之前约1000年到达过北美洲。这一次，薛弗林认为有关辛巴达的传奇事迹，很有可能是根据8世纪至11世纪时阿拉伯航海者的实际

△ 《辛巴达航海记》剧照

经历而构想出来的，因此，他仿照古法建造了这一艘木船，并打算乘坐这艘船前往亚洲远方。他决定沿途以中古时代水手的眼光，观察所途经的这一部分世界，看看他们有些什么经历，可让人编写辛巴达神奇之旅时夸张成为惊险刺激的故事。

尽管帆船饱受害虫侵损、盐分腐蚀和热带风暴的吹袭，这艘手工建造的"苏哈尔"号，竟然航行了7个月仍然安然无恙，从阿曼到中国广州，整个航程共9000多公里。薛弗林造船时遵照古代造船技术，似乎比一些近代或现代造船术还要高明。例如，船身外面是用一种防水的树脂与石灰混合物保护，里面则只用植物油涂擦椰子纤维绳索保养。结果，即使能咬穿最坚实木板、成为后期热带船只克星的船蛆虫，也没有对"苏哈尔"号的船身造成重大损害。所以，这一次航行的主要目的算是达到了，因为薛弗林在航程中找到辛巴达故事与真实世界之间一些令人兴奋的联系。

例如，辛巴达作第七次航行时，被海盗卖给一个象牙商为奴。后来他被象牙商派去一座森林工作，发现了一处象墓。虽然未经证实的报道曾说有人看见一头象把另一头象的骨骼搬到一处不明的地点，但直至今天，仍无人确实知道一头死去或垂死的象究竟下落如何，因为从来极少有人发现象的尸体。因此，这种重物很可能有一个极其特别的集体藏尸之处，我们虽然无法知道象墓的确实地点，但是这一点认识可能就是辛巴达故事的依据。

另一个故事说辛巴达到了一个后人鉴定为斯里兰卡（从前称为锡兰）的遥远地方。他在那里发现一个由毒蛇保护的钻石山谷，但终于能设法逃脱，而且口袋里塞满了无数宝石。虽然今天斯里兰卡不再开采钻石，但这个岛上仍然有许多种宝石出产，例如红宝石和蓝宝石。

正如在辛巴达故事中所说的一样，这些宝石，是从山谷地下的冲积土层中开采出来的，而清凉潮湿的矿坑，往往是蛇类躲避热带热浪的最佳藏身之所。同时，据薛弗林发现，今日斯里兰卡的宝石贸易大部分仍然由回教徒控制，他们的回教信仰就是7世纪由阿拉伯航海者传过去的。

在另一次航行中，辛巴达曾在一个叫做"女人岛"的地方婴妻和居留。他丧妻时像陪葬品般遭活埋（当然后来逃脱了），而这刚巧与印度古代一度盛行的寡妇自焚殉夫的习俗大异。薛弗林认为，描写这种极不寻常场面的灵感，几乎毫无疑问是来自目睹米尼可岛葬礼习俗的阿拉伯航海者所述经历。米尼可岛是印度西部海岸外拉喀地夫群岛中的一个小岛，古时一度受十分强烈的母权中心文化支配。

辛巴达传奇故事最著名的"海上老人"和"食人岛"两个故事，很可能源于中古时代航海者在苏门答腊的经历。苏门答腊位于马来半岛西岸外，是一个像根粗大狼牙棒那样的大岛。

在"海上老人"的故事中，辛巴达沉船之后遇见一个坐在溪涧旁边、全身毛茸茸用树叶遮体的动物。辛巴达以为那个动物是个老头子，便把它背在肩上，帮它渡过溪流。岂料到达另一边，那个从不说话的家伙不肯下来，只做出手势和发出咕噜的声音。它用双腿紧缠住辛巴达的脖子，几乎令他昏厥，然后把他当牛马一样驱使。它一面吃树上的果实，一面夹住他、打他。辛巴达后来发现这个役使他的动物双脚皮肤既粗且黑，它不是老人，而是一头野兽。过了几个星期，辛巴达才想出办法，诱骗那家伙喝下发酵的果子汁，等它喝醉后将它杀死，才能逃走。薛弗林指出，"海上老人"的形象和苏门答腊特产的一种颇有智慧的猩猩极为相似。这种猩猩似身躯萎缩的老人，脚上的皮肤粗黑，日常以果实充饥。此外，虽然动物学家认为这种猩猩是胆怯的动物，但居住在荒僻森林村落中的许多苏门答腊人，至今仍然害怕这种动物，认为是非常危险的似人的生物。

另一个"食人岛"故事中辛巴达及其船员流落到一个奇怪的岛上。薛弗林认为这个岛也是苏门答腊。故事说他们被带到一个村庄，那里的土人似乎对他们非常友善，而且送上丰富的食物款待他们。所有人中，只有辛巴达感到这种慷慨事里一定有蹊跷，因此一点东西也不吃。后来辛巴达看见同伴一个个神志不清，更深信食物中掺了麻醉药物。日复一日，水手越来越胖，整天恹恹欲睡。最后，辛巴达看见族长的盛宴中有人肉时，才发觉这些主人的不良动机，于是设法逃走。但这时想拯救那些被麻醉的水手已来不及了。他最后一次看见属下的船员时，只见他们在田野中手脚爬地，在牧人看管下像牛群一样吃青草。

据薛弗林的研究所得，食人习俗在中古时代印度尼西亚群岛并非罕见。在这个直接与苏门答腊岛有关的故事中，最突出的一点就是用药物来麻醉受害者。薛弗林报道说，在苏门答腊北部地区，大麻至今仍是烹饪时采用的一种香草。他认为苏门答腊是前往附近一个香料港口的必经途径，而当时阿拉伯人又经常到那个港口交换阿拉伯人制药普遍采用的樟脑，所以他们一定接触过食人族及食人族使用的麻醉药。这些经历极可能成为构思"食人岛"故事的素材。

神秘莫测的复活节岛之谜

闻名遐迩的复活节岛位于东太平洋，距智利西海岸3700千米之处，面积为117平方千米。

一、神秘的小岛

公元1722年的复活节，荷兰探险家雅可布·罗格温率领的一批欧洲水手登上了这个岛，把它命名为"复活节岛"。在复活节岛以南高大的石墙残迹后面，他们发现了500多尊高高耸立的巨大石像。这些石像有着高高的鼻梁、狭长的额头，眼睛向里深凹着，耳朵细长，小的有三四米高，四五吨重，大的有10多米高，重达50多吨。在小岛深处，探险家们还发现了很多未完工的大石雕，最大的竟有400吨重，仅头上的红帽就重达30吨。

他们在岛上还发现了一块长约2米，被称作是"天书"的石板。"天书"上刻满了人、兽、鱼、鸟组成的方块象形文字。刻字的方式十分奇特，一行从右到左，另一行自左到右，前后两行首尾相接，构成"S"形，这种文字谁也看不懂。究竟是谁雕刻出如此巨大的石雕，是谁镌刻出如此复杂的"天书"？

8年后，西班牙驻秘鲁总督又派人上岛勘察，他们初步弄清了岛上的情况。原来，这个呈现三角形排列的岛屿是由3座死火山的熔岩流和凝灰岩构成的。它是波利尼西亚最东面的岛屿，岛长22.5千米，宽10余千米，最高海拔达600米，岛上土壤贫瘠、植被稀少，较好的耕地局限于岛下南部的平原和岛东一带。小岛上并无溪河，全靠火口湖或池塘蓄积雨水，灌溉土地。当时，岛上约有居民3000余人，由于生态环境恶劣，植被稀少，岛民们只得种植一些简单的甘薯果腹……虽然了解到这些情况，西班牙总督的手下还是根本无法解开石像的秘密。

△ 复活节岛巨人石像

二、小岛上神秘的洞穴

历史翻到了20世纪50年代，这一天，复活节岛上迎来了挪威科学家托尔·海尔达尔。

早在1947年，海尔达尔就和他的伙伴乘坐"太阳神号"，从秘鲁的卡亚俄港出发，驶向复活节岛所在的海域。他们在海上航行了101天，行程达4300海里，终于到达了复活节岛附近的土阿莫土群岛。可是，因为条件限制，海尔达尔始终没有登上复活节岛。

1955年9月，为了完成登岛的夙愿，海尔达尔率领了一支由23人组成的科学探险队，登上了闻名已久的复活节岛。经过4个多月的艰苦调查，他们总算找到了一些当地土著长耳人。据他们介绍，早在公元前1000多年，岛上生活着两个民族：长耳人和短耳人。长耳人自小就穿耳朵，挂耳坠，以至于耳朵被拉得长长的，他们凭借着掌握了高超的石工技艺，就奴役短耳人终日为他们搬石头、做苦工。后来，短耳人忍无可忍，与长耳人进行了一场殊死搏斗，最终短耳人获胜了，他们几乎杀死了所有的长耳人，只有一个名叫奥罗罗伊纳的长耳人侥幸活了下来。如今岛上的长耳人全部都是奥罗罗伊纳的后代。听了长耳人的介绍，海尔达尔欣喜万分，但他深深懂得，耳听为虚，眼见为实。要想解开岛上的秘密，这些还不够，必须要掌握更多的证据。

1955年9月的一天，海尔达尔正躺在帐篷里休息。忽然有一个人悄悄地爬进帐篷，对他耳语道，岛上有一个秘密洞穴，里面藏着许多重要的东西，希望他能前去挖掘。

几天后，海尔达尔正在岛上行走，经过一片布满熔岩石块的地带时，一位当地的老妇偷偷拉了拉他的衣角，并指着一小堆石头说："这下面有个洞穴，快挖吧！"海尔达尔半信半疑。不过，他还是清除了表面的石块，挖了不久，他的面前果然出现了一个洞穴。这时，他狂喜万分，迫不及待地身子一缩就朝下钻去。洞很窄，又没有踏脚处，海尔达尔好不容易才下到底部。这才发现洞穴竟然与另一个更大的洞相连着。不久那指路的老妇也随着来到洞穴底部，点燃携带的蜡烛，周围的一切便清清楚楚地显露在面前，有鱼骨、贝壳和鸟类的骨骼，还有一些原始人使用过的工具和一口用岩石砌成的井。海尔达尔猜想，岛上必定还存在更为秘密的洞穴。他反复寻找，反复研究，功夫不负有心人，最后终于在悬崖边上也找到了一个秘密洞穴。

那洞穴的入口隐蔽在一块外突的岩石下，洞穴外部是一条极其狭窄的通道。当海尔达尔通过这条狭窄的通道，来到洞穴中心时，他的眼前出现了一幅令人不可思议的画面。他抑制着自己激动的情绪，专注地打量着周围的一切，洞里散放着各种珍贵的石雕：一个龇牙咧嘴的狗头斜着眼，像是正朝着看不见的敌人狂吠；几艘石船正在准备启碇远航；一尊男人的石像，气宇轩昂、威风凛凛地高扬着双手，居于群雕之上，俨然是一位威严的主人在发号施令……

欣喜若狂的海尔达尔还发现了一只由石头雕成的大水罐，它很有南美陶瓷的特征，线条流畅优美，做工十分精细。海尔达尔吹去了水罐上的灰尘，镌刻着奇怪的头像和飞禽模样的浮雕就赫然出现在他的面前。

三、依然是谜

所有这一切都使得海尔达尔久久沉浸在胜利的喜悦之中，他十分有把握地认为，复活节岛上的古老居民肯定与古代的秘鲁有着不可分割的联系，制作石像，祭祀神灵正是他们的特长。一些科学家进行了大量的实地考察和研究以后，也认为海尔达

△ 复活节岛巨人石像

尔的说法很有道理。他们运用先进的仪器，检测出了制作石雕的年份约为公元前1680年至公元前380年。其中，中小型的石雕以黝黑的玄武岩、凝灰岩和火山渣为原料。坐在石台上，长耳无腿的半身雕像是用采自火岩壁的黄灰色凝灰岩制成的，制作的年份约在公元前1100年。而具有拱门的石屋，制作年份约在公元前380年。为此，科学家们认为，由于岛上后来爆发了部落间的战争，造成食品供应中断，雕刻石像的工作进度不得不逐渐放慢，最后只得停止下来。

然而，他们的这种说法也受到了其他科学家的质疑：其一，复活节岛既然是一个由火山岩形成的弹丸小岛，岛上不长一棵树。那么在当时，根本就不可能运用滚木将采来的数十吨巨石以及加工成的石雕运到几千米以外的地方；其二，在复活节岛上整座的山头被削为平地，坚硬如铁的火山岩像奶油一样被切开，运用原始的石器工具又是怎样做到这一点的呢？

于是，包括语言学家在内的很多专家提出了不同于海尔达尔的说法。他们认为印第安人语种虽多，但没有一种出现在波利尼西亚和复活节岛上。还有，南美洲的金属制品和纺织品从未在波利尼西亚和复活节岛上出现过，这些事实证明，复活节岛上的文化与印第安文化并无较近的亲缘关系，借助于放射性C14测定年代的技术，他们大致测定了复活节岛人开始迁徙的时间：约

20000年以前，古代的亚洲人从东南出发到达伊里安岛；5000年以前，他们到达所罗门群岛；3000年以前，他们来到了新喀里多尼亚岛和斐济群岛；大约2000年前，这些古代亚洲人的后裔最后到达波利尼西亚群岛的三个顶点：夏威夷、新西兰和复活节岛。但是，值得注意的是，专家们提出的这种观点，并不能驳倒海尔达尔关于复活节岛人的血缘、植物、传说和工艺方面与南美洲相近的研究成果。

第三种比较流行的看法是，复活节岛附近以前曾是一大片陆地。12000年以前，一次大地震使古老的陆地沉入海底，只剩下一些小小的岛屿留在海面上，这就是今天包括复活节岛在内的南太平洋岛屿。复活节岛东南部的拉诺拉拉库山上，横七竖八地躺着的300多尊未完成的石像和散乱的石斧、石凿，证明了地震来得十分突然。但是，这种假说有一个明显的漏洞，就是到现在为止，人们尚未找到在这个地方存在这种大陆的痕迹。

另一些人认为，根据岛上的自然条件和人力资源，不可能雕刻出这些巨大的石像，因此，石像是天外来客雕刻的。他们说，外星人的飞船曾经拜访过地球。落到复活节岛上后，因种种原因不能再度升空。于是，他们就按照自身的模样雕成石像，呼唤同胞前来援救。等啊等啊，终于有一天，飞船从天而降，困在岛上的天外来客一拥而上，抛弃了手中的石像登上飞船，从此一去不返。然而这种说法却不能解释，为什么拥有发达的空间技术的外星人还要使用石器时代的工具——原始的石斧，而不另想其他便捷的方法。

关于复活节岛巨大石雕的来龙去脉，人们争论了一年又一年，究竟什么时候能使真相大白于天下呢，我们不得而知。

古埃及真有飞机吗

距今4000年前的古埃及人，一直是考古学家们的研究对象。这个文明古国至今仍有不少未能解开的谜团。大家都知道，直到1903年地球上的人类才制造了第一架飞机。可奇怪的是，考古学家们却在埃及发现了4000年前的飞机模型以及浮雕上的飞机图案。难道4000年前的古埃及人就看见过或者发明过飞机？

早在1898年，就有人在埃及一座4000多年前的古墓里发现了一个与现代飞机极为相似的模型。这个模型是用当时古埃及盛产的小无花果树木制成的，重量为31.5克。因为当时人们还没有飞机这个概念，所以就把它称之为"木鸟模型"。这个模型现在还摆放在当地的古物博物馆，编号为"物种登记"第6347号，放在第22室。博物馆内还珍藏了许多其他类似的模型，但很少有人能获取接近这些模型的权力。

直到1969年，考古学家卡里尔·米沙博士终于获得特许，进入这个博物馆藏有"木鸟模型"的古代遗物仓库。在这里，米沙博士看到了许多像飞鸟一样的模型。这些飞鸟模型有个共同特点，就是都有鸟足，整体形状半人半鸟。而这个"木鸟模型"除了头有些像鸟外，其他部分都跟现在的单翼飞机差不多，它也有一对平展开来的翅膀，一个平卧的机体，尾部还有垂直的尾翼，下面还有脱落的水平尾翼的痕迹。

为了弄清这架飞机模型的本来面目，米沙博士便建议埃及文化部组成特别委员会进行专门调查研究。1971年12月，由考古学家、航空史学家、空气动力学家和飞行员组成的委员会开始了对这架飞机模型的测量研究。

经鉴定，许多专家认为，它具有现代飞机的基本特点和性能：机身长14厘米，两翼是直的，跨度约18厘米，嘴尖长3.3厘米，机尾像鱼翅一样垂直，

△ 古埃及壁画中的各种飞行物

尾翼上具有像现代飞机尾部平衡器的装置。尾翼除外形符合空气动力要求外，还有反上反角的特点，使机身有巨大的上升力。机内各个部件的比例也很精确，只要稍加推动，还能飞行相当一段距离。所以，一些专家们断定，这决不是古埃及工匠给国王制造的玩具，而是经过反复计算和实验的最后成品。

后来在埃及其他一些地方，人们又陆续找到了14架这类飞机模型。看来古埃及人对飞机并不是很陌生。西方有些人认为：几千年前的人根本不可能制造出飞机，这些飞机模型，都是外星人在地球上留下的制品。

此外，在古埃及的浮雕上，考古学家发现有先进的飞机图案出现。

1979年，英籍考古学家韦斯在埃及东北部一个荒芜沙漠中，发现一所古庙遗址，起初他只是视之为废弃庙宇。不过，当韦斯细看庙宇的壁画时，却在其中一处浮雕壁画中，发现一个奇怪现象，就是看见与现今飞机形状极其相同的浮雕，以及一系列类似的飞行物体。这些不规则图案，可能是当地人记载见闻的方法。浮雕上除了飞机形状的图案外，还有一些不明飞行物体的图案，很像被现代人冠以UFO的飞碟。

在这个庙宇发现的浮雕中，有至少三四个飞行物，与今日的飞机形状极为相同，飞机在19世纪才开发，但竟然在4000年前的古埃及的壁画中出现，科学家至今对此都摸不着头脑。

虽然科学家历来对古埃及文明的研究都不遗余力，但所知依然有限。在世界历史中，不少远古民族在发展语言和文字之初，均以壁画记载历史或表达某些经文。出现在庙宇中的浮雕，也可能不过是古埃及人用以记载某一件事或表达某一种意思而已。

令人惊奇的是，在南美洲的一些地方，考古学家也发现了一些与古埃及飞机模型极为相似的古老的飞机模型。

在南美一个国家的地下约224米深的地方，考古学家挖出了一个用黄金铸

造的古代飞机模型，跟现
代的B52型轰炸机十分相
像。据科学家们研究分
析，这架飞机模型不但设
计精巧，而且具有飞行性
能。美国纽约研究所的专
家们在为这架古代飞机模
型做过风洞试验后，绘制
了一张技术图纸，这些图
纸把古代飞机模型的概貌

△ 出土的古埃及 "飞机模型"

描绘了出来。1954年，哥伦比亚共和国在美国的博物馆展出过古代金质飞机
的模型。后来在南美其他国家也陆续发现过这类飞机模型。

古埃及与南美之间的飞机模型之间有什么内在联系吗？是埃及人驾机
曾经飞到过南美洲吗？既然4000年前的人已经发明了飞机，可是为什么直到
1903年才有了世界上的第一架飞机呢？古代人是凭借什么手段制造出了飞机
的呢？难道真的是外星人作为吗？

很难断定4000年前的古埃及人有否看过直升机、潜艇或其他飞行物体。
研究外星人的学者一直相信，远古的高度文明，是由外星人传来的。在阿特
兰提斯与玛雅文明等，都有类似的传言。古埃及人是否曾经接触过外星人？
逝去的历史我们无法确知。但是古埃及是个非常注重历史与教育的民族，如
果他们真的接触过外星文明，我们必不可能找不到任何相关资料的记载。

庞贝古城记录了"世界末日"的瞬间吗

公元前10世纪，庞贝只是一个小集镇，主要从事农业和渔业生产。后来，它逐渐演变成一座繁华的城市，约有2万居民。

庞贝城的面积约1.8平方公里，四周环绕着4800多米长的石砌城墙，两条笔直平坦的大街将全城分成9个城区，里面的小街小巷纵横相连，路面用碎石铺成。大街两旁有人行道，街道宽达10米，铺着整块的大石板，十字路口雕花石砌的水池里注满清凉的泉水。最宏伟的建筑物集中在城西南，因为那儿是政治、经济、宗教的中心。

庞贝人奔放的个性和整座城市欢愉的风情，至今仍然令人倾倒。

然而，公元79年，维苏威火山却给庞贝城带来了灭顶之灾。火山爆发形成的火山碎屑将整个庞贝城掩埋，最深处竟达19米——曾被誉为"美丽花园"的庞贝消失了。在这个过程中，大部分人有时间逃命，故至今在遗址只发掘到2000多具尸骨。后来，考古学家将石膏浆灌进已经干枯了的尸体空壳，制成许多和真人一样形状的石膏像，再现了受难者当时绝望和痛苦的表情，令观光者无不唏嘘叹息。

据考古学家们鉴定，至今在遗址中发掘到2000多具尸骨，大部分是老弱病残、奴隶、囚徒等，也就是说，大部分的庞贝人得以在灾难中逃生。然而，他们最终逃到哪里去了，为什么此后没有创建第二个繁华的"庞贝城"？神秘的庞贝给世人留下了太多谜团。

"美人鱼"真的存在吗

自古以来，有关海洋的神奇传说数不胜数，其中流传最广和最引人入胜的莫过于美人鱼的传说了。关于传说中的美人鱼，一直有着3种不同的说法：

一、上半身是人下半身是鱼

1990年4月，中国《文汇报》报道：一队建筑工人，在索契城外的黑海岸边附近的一个放置宝物的坟墓里，发现了这一令人难以相信的生物。这一发现的消息是由苏联考古学家耶里米亚博士在最近透露给西方的。她看起来像一个美丽的黑皮肤公主，下面有一条鱼尾巴，长达173厘米。科学家相信她死时约有100多岁的年龄。

1991年8月，美国两名捕鲨高手在加勒比海海域捕到11条鲨鱼，其中有一条虎鲨长18.3米，当渔民解剖它时，在它的胃里发现了一具奇怪的骸骨：上身像成年人的骨骼，从骨盆处开始却是一条鱼的骨骼。渔民将之转交警方，检验结果证实是一种半人半鱼的生物。参加检验工作的美国生物学家埃斯度博士说，从他们所掌握的证据来看，美人鱼并不是传说或虚构出来的，而是确实存在的。

二、上半身是鱼下半身是人

科威特的《火炬报》在1980年8月24日报道：最近，在红海海岸发现了生物公园的一个奇迹——美人鱼。美人鱼的形状上半身如鱼，下半身像女人的形体——跟人一样长着两条腿和10个脚趾。可惜的是，它被发现时已经死了。

三、来自海底的"活人鱼"

1962年曾发生过一起科学家活捉小人鱼的事件。一艘载有科学家和军事专家的探测船，在古巴外海捕获一个能讲人语的小孩，皮肤呈鳞状，有鳃，

△ 真的有美人鱼吗

头似人，尾似鱼。后来，小人鱼被送往黑海一处秘密研究机构里，供深入研究。

普利尼是第一个详细记述美人鱼的自然科学家。他写道："至于美人鱼，也叫做尼厄丽德，并非难以置信她们是真实的，只不过身体粗糙，遍体有鳞，甚至像女人的那些部位也有鳞片。"

1991年春，考古学家在南斯拉夫海岸发掘到首具完整的美人鱼化石，证实了这种动物的确曾在真实的世界里存在过。追溯一下历史就会发现，在早期的海上探险中，也有人仓促看见过美人鱼，甚至在哥伦布1492年的航海日记中也提到过美人鱼。他写道："我看见3条美人鱼，它们从海上跃起很高，虽然在一定程度上有人样的面孔，但不像传说中的那样美丽。……在波尔内岛附近抓到了一条美人鱼般的怪物，它有1.5米长，在陆地上活了4天，又在装满水的大桶里活了7小时。"

18世纪挪威博物学家艾里克·彭特是个研究美人鱼的"专家"。他在《挪威博物志》中为了证明美人鱼确实存在，用了整整8页的篇幅来记叙美人鱼的真实历史。

那么，美人鱼是否像传说的那样真实地存在于海洋中呢？

许多科学家认为，传说中的美人鱼实际上就是海中的海牛或海豹类动物，它们拥有与美人鱼相似的特征：海牛的身体虽说比妇女的身躯略大，但雌海牛的胸部乳房的位置与人类女性的位置极为相似。至于在寒带或温带海洋看见的"美人鱼"，则很可能就是海豹。海豹有肢状前鳍和逐渐缩小的身体，有温柔迷人的眼睛，而且还会跳跃，这跟传说中的美人鱼十分相似。

美国著名的隐匿动物学家在有人问他美人鱼究竟属于哺乳动物还是属于鱼类时说，除非看到美人鱼的标本，否则对这个问题的任何一种回答都是臆测。

人类的身体光洁无毛之谜

人类为什么身上不长毛，大自然出于何种原因，使人类远古祖先身上的浓毛脱掉的呢，它身上的浓毛又是什么时候才脱掉的呢？

有人认为，人类远祖在进化中出于卫生的原因才将浓毛退化掉的。这种理论认为，人类祖先身上的毛皮是各种寄生虫的孳生之地。虱子、跳蚤等寄生虫潜伏在人体的毛皮中，不仅吃人的血，而且传染疾病。特别是人类祖先学会了狩猎以后，食肉和狩猎更容易使人体的毛皮弄脏。有一种秃鹰以动物的尸体为食。吃食的时候，它常常将头伸到尸体中去，头部搞得血肉淋漓。也许头上的毛对吃肉不利，或对卫生不利，因此，秃鹰头部的毛就渐渐褪去。人类的毛可能也是由于类似原因而褪去的。但是，反对"卫生说"的人提出，毛皮对人类来说是不卫生的。但是，对猩猩等动物同样是不卫生的，也不利于它们的生存。为什么猩猩们至今还是浓毛遍体，而唯独有人类赤裸裸来到这个世界？再说，猴子会互相理毛，人类为什么不会用工具理毛呢？

有的人类学家提出，无毛是人类学会用火后的一种自身调节现象，人类的毛皮原来是大自然馈赠给人类用来保暖的。在夜里，寒气袭人，有了毛皮，能够御寒。但是，人类学会用火后，人类祖先就能在寒夜里围火而坐，依火而卧，用火来驱赶寒意。而在白天，热带地区气候炎热，毛皮就显得多余。因此，人类学会用火以后，用于御寒的毛皮就渐渐脱落，成为光洁无毛的动物。但是，目前还没有证据证明人类是在学会用火以后开始成为无毛动物的。

有的学者认为，人类脱落身上的毛，是因为这样有利于改善人的社会性。人是一种社会性动物，他要依靠社会的力量生存和发展。浑身长毛的人，彼此间比较难以识别，脱掉了毛以后，脸就具备了更典型的个体特征，更便于相互辨认，特别是，毛皮的消失对于加强人类男女之间的性结合，稳固配偶关系有很大好处。性与触觉有着密切关系。性科学的研究指出，性的结合常常依赖于抚摸、拥抱等触觉机制。人的皮肤上有许多性敏感区，这也可能是脱去了毛皮以后形成的。

还有的学者提出了"狩猎说"。这种理论认为，人类失去了身上的浓毛，是适应狩猎生活的结果。狩猎时，猎人要对野兽进行长途的追逐，狩猎的长途奔跑又会产生许多热量，浑身长毛的动物不能迅速降低体温，而脱去毛能更好地散热，就能在狩猎过程中处于更加有利的地位。皮毛在狩猎时显得多余，而在夜晚寒冷时，却有着重要的保温作用。失去毛皮会使人类祖先耐受寒冷的能力大大下降。作为一种补偿，人类身上产生了一层厚厚的脂肪，它在平时起着保暖的作用，但在狩猎时不影响出汗。这样，人类以脂肪代替毛皮，既能出汗降温，又能在寒冷的夜晚保暖，可谓两全其美。

近年有学者提出惊人之论，认为人类可能起源于海猿或海豚，因而身体光洁无毛。但是，也有一些学者反对这种解释，指出不一定是海生动物身上无毛，有些陆生动物也是身上无毛或少毛的，例如大象、犀牛等全身也少毛，这是因为他们身体较大足以保温，可以不需要长毛的缘故。另外，从进化上看，猴子出生时全身有毛；长臂猿出生时背部有毛，身体其余部分的毛是出生一周后才生长的；大猩猩出生时只有头部有毛，身体其余部分无毛，在成长过程中，毛才长满它的全身。人类出生时，也只有头部有毛，成长后体表局部有毛。从猴到人，体毛是逐渐退化的。这不能支持"海生"假说。也有的学者提出，海洋生活的某些动物，如海狗，身上也有毛，有毛无毛，是在于体形的大小是否足以保持体温。

人类为什么光洁无毛，它究竟给予人类有什么样的好处，至今还是众说纷纭，还需要人类学家继续进行深入的研究。至于人类是什么时候脱去了毛皮，是在腊玛古猿、南方古猿、还是直立人阶段或别的人类发展阶段完成了脱毛的变化，人类学对此更是所知甚少，悬案甚多。

人有"第三只眼"吗

在神话传说中，许多神仙拥有3只眼睛，除正常的一双眼睛外，另有一只眼睛长在额头上，而且这只眼格外有神力。《西游记》中的二郎神就是用这第3只眼看出小庙是孙悟空变的。《封神演义》中的闻太师也有3只眼。民间传说中的"马王爷"同样有3只眼，民间不是有句"不知马王爷，长着3只眼"的俚语吗？

神话归神话，自然与现实不同。不过，也许你想不到，其实你、我、他，虽然不是神仙，却同样长着3只眼。

希腊古生物学家奥尔维茨，在研究大穿山甲的头骨时，发现它两个眼孔上方还有个小孔，成"品"字形，这引起他很大的兴趣，经反复研究，证明这是个退化的眼眶。这个发现，在生物界中引起了震动，各国的生物学家纷纷加入研究行列，结果发现鱼类、两栖类、爬行类、鸟类、哺乳动物甚至人类，都有3只眼睛。我们通常忘记了自己的第三只眼，或是从来没有想过它的存在，因为这只额外的眼睛已离开原来的位置，深深地埋藏在大脑里，位于丘脑上部，并有另外的名字——松果腺体。

在大多数脊椎动物中，例如蛙，第三只眼见于颅顶部的皮肤下。蜥蜴的第三只眼虽然被鳞片遮盖着，但也能在皮下找到。科学家们发现，冷血动物把第三只眼当做温度计了，可以测量周围的温度。在两栖动物中，第三只眼可根据光的强弱调节皮肤颜色。而人的第三只眼已经变成专门的腺体，而且很独特，除了松果腺体以外，再也没有其他腺体具有星形细胞，这不是普通的细胞，它在大脑半球中的含量十分丰富。至于腺体和神经细胞为什么如此盘根错节地缠绕在一起，人们还不太清楚。

现在第三只眼的功能和眼睛相比，虽是"差之千里"，但还是有点"藕

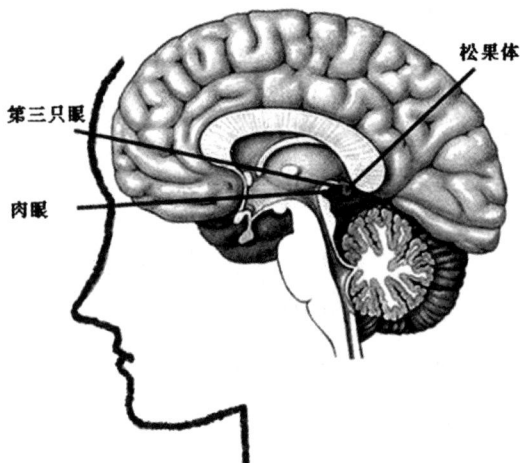

△ 人类的第三只眼——松果体

断丝连"。松果腺体对太阳光十分敏感，它通过神经纤维与眼睛相联系。当太阳光十分强烈时，松果腺体受阳光抑制，分泌松果激素则少；反之，碰到阴雨连绵的天气，松果腺体则分泌出较多的松果激素。松果激素有调节人体内其他激素含量的本领，因此当阴天时，松果腺体分泌出较多的松果激素，而甲状激素、肾上腺素的浓度相对降低，这些激素是唤起细胞工作的，若相对减少，人就显得无精打采、萎靡不振；天气晴朗时，松果腺体受到强光的抑制，体内其他激素增多，人们就显得生气勃勃、情绪良好。另外，通常人晚上的血压比白天低，这也是因为晚上没有阳光，人的松果激素增加，压抑了其他激素的缘故。

通过在人和动物身上的实验表明，尽管松果腺体的功能可能随着时间的推移发生变化，但是从生到死，它一直在积极地起着作用。这是因为，人们发现在第三只眼的组织中含有钙、镁、磷、铁等晶体颗粒。新生儿根本没有这种奇怪的"脑砂"，在15岁以内的孩子中也很少见，但是15岁以后，"脑沙"的数量开始逐年增加。俗语说："眼睛里容不得沙子"，如果眼睛里落进小沙粒，人无法忍受。可是第三只眼中有那么一小堆沙子，竟不会影响它本身的功能，这真是令人难以置信。

灵魂永驻的木乃伊探秘

　　木乃伊在英文中的最初意思为"经过药物防腐处理的尸体"，后来引申为干尸。木乃伊的皮肤又黑又皱，但并不是想象中的那么丑陋可怕，甚至有些栩栩如生，他们有的神态威严，有的张开嘴酣睡，有的神态安详，也有面带愠怒之色的。他们的姿态，男性常自负地将手臂交叉在胸前，女性则伸长了手臂，温顺地安贴在身际。

　　提到木乃伊，我们不能不首先想到埃及，埃及人为什么要制作木乃伊？原来古埃及人非常重视自己的身体，他们从远古盛行的图腾崇拜中得到启发，产生了死后化神的灵感。古代埃及人都有一个美好的梦想，他们相信只要肉体得以保存，人的灵魂就能得到永生，所以无论贫富贵贱，死后都将尸体做成完好的木乃伊，认为完整的尸体是灵魂在来世栖息的必要场所。古埃及人的宗教信仰非常强烈，这与他们相信来生有很密切的关系。"肉体死亡为灵魂开启通往永生的大门。"这个观念早就已经出现，他们把对死亡的重视写成一本《亡灵书》。埃及的《亡灵书》大体是指古代抄录员为亡灵所作的所有经文，包括咒语、赞美诗、冗长的开释、各类礼仪箴言、神名等，它们一般都被镂刻或书写在金字塔或坟墓的壁上，有的则印在棺椁或镂于精美的石棺之上。

　　古埃及人认为，人生在世主要依靠两大要素：一是看得见的人体；二是看不见的灵魂。灵魂"卡"的形状是长着人头、人手的鸟，人死后"卡"可以自由飞离尸体。但尸体仍是"卡"依存的基础。人类学家、考古学家对何为灵魂"卡"似乎并无论断，而且不清楚那样形象的"卡"是否有相应的考古遗迹，在没有更加翔实的考古发掘之前，无论何种解释都只是猜测而已。古埃及人要为死者举行一系列名目繁多的复杂仪式，使他的各个器官重新发

△ 木乃伊棺椁

挥作用，使木乃伊能够复活，继续在来世生活。因此，他们对生前保持良好健康和对死后保存尸体都是格外重视的，确保身体的完整性和每个部位的灵活运转。古埃及人死后，人们习惯上念诵一些祈文，希望将神灵注入死者身体。

那么如何才能顺利到达来世的幸福王国呢？首要的就是妥善地保存尸体。尤其是头部没有保存完好，"卡"就无法识别，死者将无法进入天堂顺利，所以古埃及人会不厌其烦地用如此繁缛的手续来处理尸体。

那么埃及人又是如何制作木乃伊的呢？最初是埋葬在沙漠里，滚烫的沙子具有脱水的作用，尸体能够保存数年。后来，木乃伊的制作，主要采用埃及某些地区特别是奈特龙洼地出产的氧化钠使尸体完全干燥。二十一王朝时期，木乃伊的制作技术简直登峰造极，有些技术今人都望尘莫及。加工木乃伊的重要目的就是为了使之永久保存并且栩栩如生。首先就是把容易腐烂的胃、肝、肺等器官取出来，单独加工后放入罐中，称为"蓬罐"。心脏因为被看做是"智慧之源"而保存在尸体内，在晚期木乃伊的制作中肾也被保留在身体内。制作木乃伊的目的在于获得重生，也就是复活，它是通过一种叫做"开嘴"的仪式完成的。"开嘴"形象地表达了使死者来世能够开口说话或者吃饭的愿望。

古埃及人掌握的防腐技术也是一流的，新王时期（公元前1550年～公元前1070年）使用的方法最复杂，效果最明显。制作木乃伊的防腐工艺有一整套复杂的程序，第一步是先用长长的管子通过鼻孔将脑袋中的液体抽取出来，在清理木乃伊的头部时，埃及人用一种特制的有倒钩的金属工具，从鼻腔伸入，使鼻腔裂开一个小孔，但又不会使整个头骨破裂。然后从鼻孔倒入棕榈酒，用一根细长的工具伸入脑中搅拌，脑髓便会充分溶解于棕榈酒中，然后把尸体翻转，棕榈酒和溶解与其中的脑髓从鼻孔流出，整个脑壳很干净。内脏器官取出来后用食盐吸干水分，然后用食油或液态松香浸泡，保存在叫"卡诺皮克"的容器中，随同木乃伊一起入葬，因为古埃及人认为这些是死者生前的东西，死后还需要这些，应当伴随左右。第二步是在清空内脏后，用棕榈油涂遍尸体全身，有时在缝合尸体之前填入沥青或松香等防腐物质。然后将尸体放在铺了一层泡碱、脱水盐的床上，在尸体上撒上更多的泡碱。第三步是经过浸泡40天完全排出尸体的水分后，用尼罗河的水冲洗掉尸体表面的原料，最后用亚麻布包裹起来。

拉美西斯三世的时候，开始使用人造眼球。考古发现的人造眼球原料主要有三种：一种是经过烤制而成的瓷眼球；一种是用石头磨制的石眼球；另外一种是拉美西斯四世采用的小洋葱头。其目的都是为了让眼皮不至于下陷，保持"活"的状态。

在不出现对身体损伤的前提下，墓葬师费心劳神地脱去尸体的指甲，然后再用布包裹起来，有些法老还穿上用一片片金箔缝制出来的金缕玉衣。整套木乃伊的制作需要长达70天左右的时间。

古埃及人制作木乃伊可谓用心良苦，目的是什么呢？无非就是让死者灵魂永驻，将来能够和肉体合而为一，获得新的生命。考古发掘的墓室壁画给我们展示了古埃及人死后复活的渴望。壁画上的尸体双腿慢慢弯曲，躯干膨胀隆起，于是灵魂与肉身得到了结合，从而有了新生。

木乃伊从侧面多少反映了古埃及人灵魂永驻的梦想，不知道这些梦想能否真的实现。灵魂的归来，也许真的可以让肉身复活，那么法老们可以永生了！

冰冻少女之谜

在安第斯山脉，大概位于海拔17000英尺以上的祭祀遗址都属于印加文化。1532年，印加王国的疆土从哥伦比亚扩展到智利中部，延伸了2500英里，是当时西半球最大、最发达的文明之一。在西班牙人的记述中，印加人用小孩来祭祀山神，祈求水和丰收，而安姆帕托是这一流域最重要的山神之一。

安姆帕托是印加的山神，印加人用最珍贵的东西"生命"作为祭品，祈求它赐予生命之水，带来谷牧丰收。1995年被发现的冰冻印加少女，就是500年前一次印加祭礼中的祭品。她年轻的生命属于山之神纳瓦多·安姆帕托。她安眠在陶土的墓穴中，没有任何挣扎、勒杀、殴打的痕迹，人们猜测或许她在被埋入之前就已经死去。

1995年，登山运动员、人类学家约翰·瑞哈得和米盖尔·扎瑞特在多次登上安第斯山峰、完成了各种考古发掘工作后，第一次见到一种奇特的木乃伊。作为登山运动员和人类学家，约翰在安第斯山脉和喜马拉雅山脉上生活了23年，这些地区的古老民族对山的崇拜一直深深吸引着他。一些织物的碎片零落地散布在木乃伊周围，附近的冰面上，他们又发现了一个用贝壳雕成的女性小雕像、骆驼骨、陶器碎片和两个装有谷壳和玉米穗的布袋。米盖尔则用冰斧凿开冰层，将冻在岩石上的木乃伊取下来，他们终于看清了木乃伊的面目，那是一张印加女孩的脸。

考古学家在安第斯山区仅发现过几具冰冻木乃伊，而且其中没有一具是女性。这个女孩，年龄估计十几岁，可以猜测得到，她是作为祭祀仪式上的祭品被掩埋在安姆帕托山顶。由于近年来的山脊崩塌，冰层和岩石顺着山坡下滑，将她从墓穴中捎带出来。

由于山脊崩塌时发生的巨大摩擦，木乃伊最外面的一层织物已经被扯散，裹在里面的贝壳雕像和其他随葬品跌了出来，所以才散落在周围的山坡上。女孩的面部已经风干了，约翰和米盖尔试着将她搬起来，她身体的大部分还未解冻，足有80磅重。

这具木乃伊被带到约翰在秘鲁的研究基地——一所位于阿瑞奎帕的天主教大学考古系。约翰找来生物系主任乔斯·卡瓦兹，检查木乃伊的解冻情况。"我们把她放进冷藏室的时候，裹在外边的织物仍旧有冰。"乔斯说。

△ 印加冰冻少女

"这是个世界性的重大发现，她是迄今发现的冰冻木乃伊中保存最完好的！"这是康纳德·斯皮德检查完木乃伊所作出的结论。康纳德是奥地利著名的提洛尔冰冻木乃伊研究组的负责人。科学家给安姆帕托木乃伊起名为胡安妮塔，这是第一个女性冰冻木乃伊，而且她的身体也是在美洲发现的木乃伊中保存最完好的。

印加民族于1450年来到这个地区，而西班牙在1532年征服了他们。因此可以推测，胡安妮塔大约死于500年前。胡安妮塔的身体组织和器官完好无缺，并且是自然风干，她冰冻的身体就像是一个生物学资料仓库。通过她的DNA可以分析出她来自何方，属于哪个部族。而她胃里的残存物，为科学家研究古印加的食物结构提供了咨询。在胡安妮塔身边发现的羽毛编织袋里，科学家发现了500年前的供品——古柯叶。虽然它与现在的古柯植物没有什么不同，但利用先进的生物化学分析技术，科学家仍试图确定这些植物最初的发源地。

胡安妮塔的外衣引起了纺织考古专家的兴趣，她每一件编织物都图案精美、色彩绚丽。来自华盛顿国家艺术馆的威廉·康克林，是史前美洲纺织品的专家。当他看到胡安妮塔亮丽的红白条纹披肩时，情不自禁地称其为世界上最精美的印加织物。胡安妮塔的着装与14世纪的西班牙人潘多·雷恩在其书中的描述相吻合：她的衣饰是当时库斯科贵族妇女中最风行、最华丽的，毫无疑问，这将成为今后描述印加贵族妇女衣饰的范例。不过，一些外衣对胡安妮塔而言似乎太大，人们不理解为何要为她准备不相称的衣饰呢？也许因为印加人相信，女孩在死后仍然会长大成熟。

保存冰冻木乃伊，并不是简单地将它放进冷藏室，冰冻木乃伊的保存并没有规范的先例标准。从理论上来说，冰冻木乃伊的身体和其外部的织物，应该贮藏在比较潮湿的环境，而头部贮存湿度相应较小。经过讨论研究，来自几个国家的专家们达成一致，将冷藏温度保持在华氏0~7度，湿度保持在80％，将衣物与身体分离保存也非常必要，科学家们褪下女孩的衣物，这是精细而紧张的工作，剥离织物要小心翼翼，既不能扯坏衣物，也不能损伤女孩的皮肤。为防止木乃伊溶化，科学家还必须控制其离开冷藏室的时间。

分离织物的过程中，科学家又有新的发现。女孩的辫子被一根黑色的细驼毛线系在腰带上，由此可以推断她死前或死后，有人曾为她精心装扮过，因为她是联系族人与山神的使者，人们对她充满了敬重。她的衣服，都用精致的别针别住，上面用细线吊着各种小木刻的盒子、酒器、类似狗和狐狸的器物。

最令科学家感到震撼的是女孩的右手，她用右手紧紧地攥住自己的衣角，这是紧张、痛苦、还是决心呢？胡安妮塔身上还有许多未解之谜，进一步的研究，还需要更多科学家的参与，不仅是考古学家、人类学家，还需要各学科专家的共同协助。

外星人的遗留物之谜

美丽的艺术——外星人在新疆留下岩画。

新疆维吾尔自治区博物馆的考古工作者，曾在新疆北部青和县西北的一个山沟中，发现散落面积达数平方公里的铁陨石群，令人称奇的是，在这里还发现了多处以陨石为载体，疑与外星人有关的文物。

△ 岩画上的独目人

发现者张晖说："根据陨石成分的密度及体积，初步推测其中有的陨石足有100吨以上。"

目前世界上最大的铁陨石是1920年坠落在非洲纳米比亚的重60吨的"戈巴陨铁"。"历史上青和县曾发生过陨石雨大坠落。"张晖推测，无论是陨石的散落面积、规模和数量，都堪称世界之最。

陨石分为石陨石、铁陨石、石铁陨石3种，其中铁陨石、石铁陨较为罕见，而青和县发现的陨石恰是这极为少见的品种。

令人暗暗称奇的是，在这里还发现了多处以陨石为载体的文物。这包括用陨石雕凿而成的圆球状石人，以及刻在陨石上的牛、羊、马、骆驼等岩画，其中有一幅"独目人"图案陨石岩画与分布在世界许多地方的独目人岩画惊人的相似。

刻在陨石上的"独目人"头部呈圆圈状，中间绘有一眼，两手相连环置胸前，胸以下左右被两道圆弧包裹，只露出双脚。

张晖说："内蒙古阴山岩画、宁夏贺兰山岩画、加拿大安大略湖皮托波洛岩画、北撒哈拉岩画、埃及'德耶德支柱'上均有'独目人'图案。在青和县发现的这幅'独目人'造型与贺兰山岩画中的'独目人'形象如出一辙。"

最早到中国探险的欧洲人——古希腊人亚里斯底阿斯在公元前7世纪东行至中国的阿勒泰山一带，并将旅行见闻写成了《独目人》一书。张晖认为，刻在陨石上的"独目人"很可能反映了"当时有真实存在的超文明使者"，"这一岩画是阿尔泰语系诸民族萨满教的最主要的天神崇拜图"。

"神秘石板"：外星人曾在5000万年前造访俄罗斯。

5000万年以前，外星人曾经造访过巴什基尔自治共和国目前所辖的地区。这一结论是在俄中联合考察队在羌达尔村外进行发掘，发现一块"神秘的石板"以后得出的结论。

这块"石板"是用一种很像是水泥的材料制成的。其长度为1.5米，宽1米，厚0.16米。"石板"上刻有一幅三维地形图，图上标有几个未知古代文明的水利设施。微微起伏的图形表面烧有一层白色的瓷釉。用学者们的话来说，意外发现的这张图不是别的什么东西，而是当今巴什基里亚部分地区的立体地图。

专家们认为，这张地图上的资料和数据只能通过航拍或太空摄影的途径才能获得。未知的地图绘制者们用一种软体动物的贝壳当作地图上一系列目标的图例，而这种软体动物早在5000多万年以前就灭绝了。正是这种软体动物使学者们大体上确定了发现物的年龄。

巴什基尔国立大学的学者们有一种倾向，认为这个发现可以证明地球以外确实存在着高度文明，即所谓"外星球高度文明"。

天外遗孤：外星婴儿

1983年7月14日晚8点左右，一个火红的发光体在吉尔吉斯斯坦某村上空爆炸，一片紫红，异常耀眼，村民们惊恐万状。过了片刻，又是一阵爆炸声后，天空渐渐暗下来，群山和村庄恢复了平静。

事后，不少苏联记者和摄影师闻讯赶来，军警对这次神秘事件进行了详细调查，苏边防军指挥部派出数万军人对边界严密监视。军人们发现，山村的一片空地上有一堆冒着烟火的残骸，他们在现场找到了那堆仍然烫手的黑色灰烬。

在此期间，有人说看到了一个圆形飞行物，外形像飞碟，直径约30米。还有人说，在燃烧的残骸中有2具形体像人的尸体。军方对这些传说既不肯定也不否定，很快将出事现场封锁起来。有消息说，出事的飞行物很像几个月前飞越苏联上空的那艘宇宙飞船。人们比较一致的看法是，这艘来自太空的飞船爆炸了。但是，谁也没有想到，出现了更大的奇迹……

爆炸的第二天，一个牧羊人报告说，他看到天上掉下来一个东西。埃马托夫上校乘车赶到报告地点，看到了一个椭圆形金属物体，它的长、宽、高均为1.5米左右，下部有短而粗的"脚"，还有一个反推力制动装置，物体上部有一扇紧闭的门。在军事专家用仪器探测证实球体内部没有炸弹之后，凌晨3时，在数架直升飞机监护和探照灯光照耀下，上校下令打开球体的门。

门被打开后，人们一眼就看见里面有一个男婴。乍一看，很像地球人，他呼吸缓慢，像是熟睡。后来，人们往金属体内输送了氧气，直升机将球体运到伏龙芝研究中心。

上校对新闻记者说："种种迹象表明，那是一个外星婴儿，是一架出事的宇宙飞船在危急时刻射放在空中的。那个球体十分平稳地着陆了，可

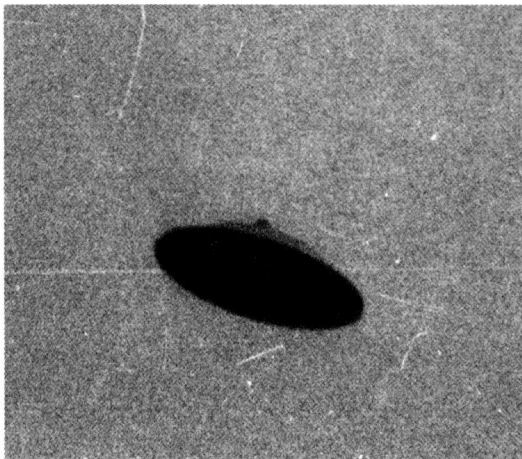

△ 不明飞行物（UFO）

见外星人的技术有多么先进。我们完全有把握说，这个球体是一个宇宙急救系统，孩子没有受伤。"

婴儿先是在伏龙芝医学研究所，然后在阿拉木图儿童医院呼吸、睡觉，生活了11周零4天，医学专家们日夜不停地护理了他3个月。然而，外星婴儿终究还是因严重感染而于10月3日死去。

在婴儿成活的这3个月里，人们都观察到了什么呢？

据一位曾照料过宇宙婴儿的医生透露：那个孩子很像地球人的婴儿。不同的是，他的手指和脚趾间有蹼，这说明他曾在水里生活过。另外，他的眼睛呈奇怪的紫色，X光透视的结果表明，他的肌体结构与地球人一样，只是心脏特别大，脉搏较慢，每分钟60次，他的大脑活动比地球上成年人的还频繁。他很可能有心灵感应和图像遥感能力。他可以较长时间不吃东西，从来不哭。另一位护士说，每天，我们要给他量身长和称体重。仔细观察可以发现，他没有头发，也没有眉毛和睫毛，眼睛是紫色的，很亮，没有眼皮。他睡觉时，眼睛是睁着的，只有摸他的脉和听他的呼吸，才知道他已睡着。宇宙人的胳膊和腿都不动，一点儿声音也没有，不笑也不哭，像昏迷者一样躺在床上，医生们对他束手无策。我认为这孩子完全明白自己的父母亲已经死去，而自己在一个完全陌生的环境里。他一定很聪明，我们给他吃东西或给他换衣服时，他配合得很好。他没有牙齿，我们给他吃婴儿食用的粥。有一次，给他吃菠菜，他尝了一口，立即吐掉了。

宇宙婴儿使地球人开了眼界，人们也许不会怀疑外星人的真实性了吧？

神秘的人体自燃现象揭秘

　　人体自燃是指一个人的身体未与外界火种接触而自动着火燃烧，这种现象有丰富的历史记载。有些受害人只是轻微烧伤，另一些则化为灰烬。最奇怪的是，受害人所坐的椅子、所睡的床，甚至所穿的衣服，有时竟然没有烧毁。更有甚者，有些人虽然全身烧焦，但一只脚、一条腿或一些指头依然完好无损。

　　人体自燃的事例最早见于17世纪的医学报告，到了20世纪，有关文件更是详尽。300年间发生的事例多达200余种。

　　初时人们一般认为，这种厄运大多降临在那些嗜酒、肥胖和独居的妇女身上。可是后来的众多事例证明，受害人男女数目大致相等，年龄从婴孩到114岁各种年龄段都有，而且有好多例是在毫无火源的地方自行无故燃烧的。他们几乎全在冬天的晚上自燃，尸体在燃烧的火炉旁边，不用说，出事时并无证人在场。据当时的见解，这是上帝的惩罚。

　　现代科学界和医学界都否定人体自燃的说法。虽然有人曾经提出一些理论，但目前还没有合理的生理学证据足以说明人体如何自燃甚至化为灰烬。因为要把人体的组织和骨骼全部烧毁，只有在温度超过华氏3000度的高压火葬场才有可能实现。至于烧焦的尸体上有未损坏的衣物或皮肉完整的残肢，那就更显得神秘莫测了。

　　早期有充分证据的人体自燃事件之一是；托林于1673年所记录的巴黎贫苦妇人神秘地被火烧死事件。那妇人嗜饮烈酒，酒瘾之深竟达到3年不吃任何食物的程度。有一天晚上，她上床睡觉后，夜里即自燃而死。次日早上，只有她的头部和手指遗留下来，身体其余部分均已烧成灰烬。根据这次自燃事件，法国人雷尔在1800年发表了第一篇关于人体自燃的论文。

关于人体离奇自燃的一项异常生动详细的报道，是由一位名叫李加特的人提供的。李加特是法国莱姆斯区的一名实习医生。事发时住在当地一家小旅馆里，其中米勒有一个絮聒不休的太太，每天都喝到酩酊大醉。1725年2月19日晚上，由于很多人前来参加次日的盛大交易会，旅馆全部客满。米勒和妻子很早便上床休息，米勒太太不能入睡，独自下楼去，她平时常到厨房点燃的火炉前喝到烂醉。这时米勒已进入梦乡，但到凌晨两点钟左右，突然惊醒，他嗅到烟熏的气味，连忙跑到楼下，沿途拍门把客人叫醒。张惶失措的住客走到大厨房时，看到着火焚烧的并非厨房，而是米勒太太。她躺在火炉附近，全身几乎烧光，只余下部分头颅、四肢末段，而除她所坐的椅子略有烧痕外，厨房里其余物品丝毫未损。

这时，恰逢一名警官和两名宪兵恰好在附近巡逻，听见旅馆中人声鼎沸，于是入内探询。他们看见米勒太太冒烟的尸体后，立即把米勒逮捕，怀疑他是凶手。镇上的人早已知道米勒太太不但是个酒鬼，而且是个泼妇，因此怀疑备受困扰的米勒蓄意把妻子杀死，以便和旅馆的一名女仆双宿双飞。控方认为米勒在妻子喝醉后把酒瓶里余下的烈酒倒在她身上，然后放火烧她，事后设法布局，使人相信这是一种意外。

那位青年医生李加特在事发时也跑到楼下，亲眼看到米勒太太烧焦的尸体，他在审讯过程中为米勒作证，说受害人的身体全部烧光，却留下头颅和四肢未断，而附近物件也丝毫没有波及，这显然并非人为因素造成的。法庭上的辩论非常激烈，控方坚称米勒是杀人凶手。米勒被裁定罪名成立，判处死刑。然而李加特仍不断陈辞，指出这件事绝不可能是普通的纵火杀人案，而是"上帝的惩罚"。结果，法庭撤销判决，宣布米勒无罪释放。然而，可怜的米勒也就此断送了一生。他经过那次打击后，精神极度颓丧，从此在医院中度过了余生。

无独有偶，意大利教士贝多利祈祷时，身体突然着火焚烧。他是遭遇身体自燃后尚能生存数天的少数受害人之一。报道这件事的是曾替他治疗的巴塔利亚医生，见于1776年10月佛罗伦萨的一份学报。

事发期间，贝多利正在全国各地旅行。有天晚上抵达姐夫家里，由姐夫带领到暂时歇宿的房间。由于他穿的衬衫是用马毛做的，把肩膀刮得很不舒服，他一进房就要了一条手帕，把衬衫和肩膀隔开，接着，他独自留在房中祈祷。

过了几分钟，房中传出教士痛苦的呼叫声，全屋人立刻冲进他的房间。他们看见贝多利躺在地上，全身给一团小火焰包围着，但上前察看时，火焰便逐渐消退，最后熄灭了。次日早上，贝多利接受了巴塔利亚医生的检查。他发现伤者右臂的皮肤几乎完全脱离了肌肉，吊在骨头上，从肩膀直至大腿，皮肤也受到同样损伤，烧得最严重的部分是右手，已开始腐烂。巴塔利亚医生虽然对他立即进行了治疗，但伤者的情况不断恶化，老是说口渴想喝水，而且全身抽搐得令人吃惊。据说，他坐过的那张椅子布满"腐烂和使人恶心的物质"。贝多利一直发热，陷于迷糊状态，又不断呕吐，第四天便在昏迷中死亡。

巴塔利亚医生无法在贝多利身上找出染病迹象。最可怖的是，在死亡之前，他的身体已发出腐肉般的恶臭。巴塔利亚医生还说，看见有虫子从贝多利的身上爬到床上，他的指甲也开始脱落了。

巴塔利亚记得贝多利最初给送到他那里时，右手好像给人用棍棒打过似的，衬衫上还有"摇曳的火焰"，很快便把衬衫烧成灰烬，袖口却完整无损。奇怪得很，放在衬衫与肩膀之间的手帕竟未烧着，裤子也完好无损。虽然他的头发一根也没有烧焦，帽子却完全焚毁。房间里并没有起火的迹象，可是本来盛满油的一盏油灯已完全枯竭，灯芯也烧成了灰烬。

奥弗顿医生在《田纳西州医学会学报》发表过一篇文章，记述了该州那士维尔大学数学教授汉密尔顿因"局部自燃"受伤的情形。

1835年1月5日，汉密尔顿教授从大学返家。那天天气很冷，温度表测得的气温只有华氏8度。突然间，他觉得左腿灼热疼痛，就像给黄蜂叮了一口似的，朝下一看，腿上竟有一团几寸高的火焰，直径如一个银币大小，顶部则呈扁平形状。他立即用手拍打，但无法把火焰拍熄。幸好汉密尔顿教授保持冷静，想起如果火焰没有氧供应就会自动熄灭，于是两手拱成杯状盖在燃烧之处，火果然熄了。

可是，他仍然感到剧痛，进屋之后，便立即脱下长裤和内裤检查伤口。他看见伤口约宽1厘米，长3厘米，干爽，呈青黑色，在左腿下方斜斜伸展。他又检查了内裤，发现正对伤口之处已经烧穿，但洞口周围丝毫没有烧焦的痕迹。最奇怪的是，长裤竟然完好无损，只是底面靠近内裤烧穿的地方有许多暗黄色的绒毛，用小刀便可以刮去。

伤口虽然有些地方与普通伤口不同，但为汉密尔顿诊断的医生经过检查后，仍然当作普通烧伤一样医治。伤口很深，过了整整32天才愈合。治愈之后，伤口周围的肌肉依然有很长一段时间不断隐隐作痛，而且疤痕呈现一种很不寻常的青黑色。

英国南安普敦附近一个乡村发生的一场怪火夺去了基利夫妇的性命。1905年2月26日清晨，邻居听见基利家中传出尖叫声，进去时即发现屋内已经着火。

发现基利先生躺在地上，已经完全化为灰烬。基利太太则坐在安乐椅上，"虽已烧成黑炭，但仍可辨认"。警方发现屋内有张桌子翻倒，油灯也掉在地上，但他们不明白一盏油灯怎能造成这场灾害。最奇怪的是，基利太太所坐的安乐椅竟然没有烧坏。

1907年，印度狄纳波附近的曼那村的两名巡警发现了一具烧焦的妇人尸体。他们把这具衣服完美无损但仍然在冒烟的尸体送到了地方法官那里。据巡警说，发现尸体时房间里并无失火迹象。

英国布莱斯附近的怀特利湾有一对姓迪尤尔的姐妹，她们是退休的学校教员。姐姐名叫玛格丽特，妹妹名叫威廉明娜。1908年3月22日晚上，玛格丽特跑到邻居家中，慌张地诉说妹妹已经烧死。邻居进入她家里查看，发现威廉明娜烧焦的尸体躺在床上。床和被褥并无火烧的痕迹，屋内各处也没有失火迹象。

在死因侦讯中，玛格丽特一再讲述发现妹妹尸体躺在床上的情形，正如邻居所见一样。但验尸官认为睡床安然无损，而躺在床上的人竟烧成灰烬，简直荒谬绝伦。他斥责玛格丽特撒谎，声言要起诉她，并在死因侦讯期间暂时押候。

邻居和舆论都几乎不相信玛格丽特的供词。玛格丽特备受压力，在重新开庭侦讯时承认作伪证。她说自己实际上是在家里楼下看见威廉明娜身体着火，似仍然活着；她把火扑熄后，便扶妹妹上楼，安置在床上，但不久妹妹便死去了。

虽然楼下也没有起火迹象，可是验尸官认为这个说法比玛格丽特原来的口供更为合理一些。

验尸官宣布裁定威廉明娜的死因是"意外烧死"。不过，他事后说，这宗案件是他所侦查过的最奇特的案件之一。

1953年3月1日，南加罗来纳州缘镇的伍德先生被人发现在紧闭门窗的汽车前座上烧成黑炭。当时他的汽车停在291号公路旁边，油箱里还有半箱汽油，除了挡风玻璃因受热而起泡及向内凹陷外，全车并无损坏。

78岁的残疾老人杨锡金住在檀香山冒纳基亚街1130号，1956年12月，邻居发现他遭蓝色火焰包围。15分钟后，消防员到来时，他的躯体和椅子已烧成灰烬。可是，搁在对面轮椅上的双脚却完整无损，连周围的家具和窗帘也没有损坏。

人体发生自燃的遇难者很少是儿童，伊利诺伊州洛克福镇的普鲁伊特却是一个例外。这名4个月大的婴孩于1959年春因严重烧伤致死，可是他的衣服并没有烧焦的痕迹，床上的被褥也没有损坏。1950年10月的一个晚上，年方19岁的安德鲁斯小姐和男朋友克里福德在伦敦一家夜总会跳舞。突然，她胸前和背部起火，瞬间烧及头发。克里福德和其他客人设法把火扑灭，但始终未能救回她的性命。

克里福德在法庭上作证说："舞池中没有人吸烟，桌子上没有蜡烛，我也未看见她的衣服给任何东西烧着。我知道说起来令人难以置信，但事实上我觉得火焰是从她的身体内冒出来的。"其他证人也同意他所说的话。结果，法庭裁定安德鲁斯小姐是"死于原因不明的一场火"。

密歇根州旁提亚克市的30岁汽车工人彼得森，由于健康欠佳，几个月来一直心情沮丧。1959年12月13日下午7时45分，有人发现他死在自己的汽车里，看来是自杀。当时驾驶座侧边的座位仍在冒烟，排气管已经发生扭曲，伸进关闭了门窗的车厢里。

医生检验过他的尸体后，宣布他是一氧化碳中毒致死，这与自杀的推测正好吻合。可是，他们无法解释彼得森的背部、大腿和手臂为什么会3度烧伤，以及他的鼻子、喉咙和肺部为什么会烧伤。最奇怪的是，他的衣服甚至内衣裤丝毫没有损坏，烧焦的皮肉还竖起没有烧毁的体毛。调查人员起初认为汽车的排烟可能带有热力，后来又怀疑有谋杀成分，但都不能解释彼得森死时的情况。

比较有影响的是1976年12月27日，由《阿尔利亚先驱报》报道说："拉歌斯市一户七口之家有6个成员烧死的事件……目前已成为最难解答的谜团。

据昨日的现场调查显示，该木房子中一切物件完好无损，甚至两张棉褥也仍然整齐地铺在两张铁架床上……

这场烧死6个人的大火对整个房间似乎无损但从死者被焚的严重情况看来，房中物件，包括木墙和屋顶的铁皮，本应荡然无存。

虽然较早时传说，有人乘那家人睡熟时，从窗口泼进汽油，然后点火焚烧，但昨日的调查已证明此一说法不正确。"

人体自燃的现象，并不为20世纪科学界所承认，既未被列入世界卫生组织编订的"国际疾病分类法"中，也不是美国或国立医学图书馆生物学与医学图书索引的一个条目。尽管警察、消防员、纵火案专家、验尸官和病理学家提出不少证据，但大多数医生和科学家仍然认为那些看来不容争辩的事例未经彻底调查。特别是发生于酒徒身上的事例，一般被视作上帝的惩罚。到19世纪，由于生物学与化学的进步，研究人员得以从非宗教的角度找寻这些难明火灾的成因。他们提出了更多可能性，包括以下列举的一种或多种的结合：

肠内的气体容易燃烧。

尸体产生易燃气体。

干草堆及肥料堆产生的热力，足以引起自燃。

某些元素或混合物一旦暴露于空气中就会自动着火，如人体元素之一的磷。

有些化学品本身并不活跃，但与其他物品混合时会引起爆炸。

某些昆虫和鱼类发光表示可能有内火。

人体内所含的大量脂肪是极佳的燃料。

静电产生火花，在某种情况下可能引起人体着火。

然而，越来越多的事实证明上述各种假设都不是人体自燃的真正成因。

1851年时，一位德国化学家已经指出，喝了大量白兰地酒的人即使接近火也不会着火。其后在19世纪末期，几位医生曾声称不明白水分含量多而脂肪含量相当少的人体为什么会着火。1905年4月22日，《美国医学》杂志对相信人体自燃的人予以迎头痛击，指出"在全部发生过的人体自燃事件中，几乎半数来自法国这个神经过敏的国家"。

为了验证酒精可使人体变成高度易燃的说法，科学家先把老鼠放在酒精中浸一年，然后点火焚烧。结果，老鼠的外皮腾起烈火，皮下外层肌肉也烧焦，但内部组织及器官则依然完整无损。后来他们又利用在酒精中浸泡了更长时间的博物馆标本做试验，结果也是一样。

消化系统产生的易燃气体的确可能在人体内聚积，造成危险。英国有位牧师便受到警告，不可吹熄圣坛的蜡烛，以免呼出的气体着火。

静电也可能是一个原因。据美国防火协会的防火手册说，人体聚积的静电负荷可达到数千伏电力，可通过头发放出，一般不会造成伤害，但在某些特殊情形下，例如在制造易燃物品的工厂或使用气体麻醉剂的医院手术室中，这种人就可能引起爆炸，但从没有人烧成灰烬而设备无损的先例。

此外，还有人提出其他的自燃因素，其中包括流星、闪电、体内原子爆炸、激光束、微波辐射、高频音响、地磁通量等，但这些因素如何发挥作用，则未有解释。总之，人体自燃现象目前仍是一个难解之谜。

人睡觉磨牙之谜揭秘

睡眠时有习惯性磨牙或清醒时有无意识的磨牙习惯称为"磨牙症"。睡觉磨牙的病因尚不清楚，目前认为与精神性、情绪性、牙源性、系统性、职业性、自发性等多种因素有关。

一、精神因素。

口腔具有表示紧张情绪的功能，患者的惧怕、愤怒、敌对、抵触等情绪，尤其是焦虑者，若因某种原因无法表现出来，就会试图通过磨牙的方式来缓解内心的忧郁感，这类病人牙接触时间长，而且次数频繁。这些精神因素可能是磨牙症病因的重要因素之一。

二、牙合因素。

神经紧张的个体中，任何牙合干扰均可能是磨牙症的触发因素；磨牙症患者的牙合因素多为正中关系与正中牙合不符，以及侧方牙合时非工作侧的早接触；而且临床上的调牙合的方法也成功地治愈了部分磨牙症。牙合因素是口腔健康的重要因素，但是否会引起磨牙症尚存有争议。

三、中枢神经机制。

目前有趋势认为磨牙与梦游、遗尿、噩梦一样是一种不自主的下意识动作，是睡眠中大脑部分唤醒的症状，与白天情绪有关的中枢源性的睡眠紊乱，由内部的或外部的、心理的或生理的睡眠干扰刺激所触发。

四、全身其他因素。

与寄生虫有关的肠胃功能紊乱、儿童营养缺乏、血糖血钙浓度、内分泌紊乱、变态反应等都可能成为磨牙症的发病因素。有些病例表现有遗传因素。另外尿酸增多症、甲亢、过敏、膀胱应激症等可能与磨牙症有关系。

五、职业因素。

汽车驾驶员、运动员，要求精确性较高的工作，如钟表工，均有发生磨牙症的倾向。

白天我们咀嚼食物也摩擦牙齿，但对牙齿很少有损害，这是因为咀嚼时，上下牙齿之间的食物好比是个垫子，同时还有充分的唾液使牙齿滑润，所以就不容易磨损。在吃饭时看上去咀嚼了很长时间，但大部分时间是在上下运动，有人研究过真正的直接牙齿接触只有4分钟左右。

如果在夜间磨牙，则情况就大不一样了，口内既无食物，口腔内的分泌也减少，牙齿得不到必要的润滑，而形成"干磨"，真好比推空磨子一样。这样牙齿的磨损是很大的，后果也是相当严重的，此时磨损的牙齿往往会有不同程序的发酸或疼痛，有时也会造成颞下颌关节功能紊乱症，因此破坏了牙合系统的形态和功能。它又可能引起咀嚼肌功能异常，如咀嚼肌功能亢进、痉挛、疲乏、疼痛等。肌肉收缩不平衡、牙合位异常、颌间垂直高度改变、盘突位置关系失调，也直接影响颞下颌关节的正常形态和功能，表现出下颌关节处疼痛、关节弹响、张口受限等症状。疼痛为压迫性和钝性，早晨起床时尤为显著。

此外，夜磨牙者也会影响他人睡眠。

病症较轻时可不做处理，注意休息即可。

另外，白天避免玩得过度兴奋。睡前让精神松弛，不看刺激性电视片。

有必要的话，到医院检查肠道寄生虫病（寄生虫的蠕动刺激了神经，引起神经的反射作用，而导致发生磨牙的现象），在医生的指导下驱虫。

而顽固性病例应制做颌垫，睡前戴上，可防止直接磨损牙齿。这样不仅可能使夜间不磨牙，而且可以获得更好的休息，对工作、学习、身体都有好处。

黑死病劫难之谜

　　有史以来人类遭逢的最大灾难，并非20世纪的世界大战，而是14世纪时一种叫黑死病的疫疠。公元1347至1351年仅4年间，单是欧洲就死了总人口1/4，约2500万人。现代人认为，当时那场浩劫就像后来类似的时疫一样，是由跳蚤携带的细菌引起的。这种跳蚤依附在一种善于长途移居、随处栖身繁衍的家鼠毛皮间。被带菌跳蚤咬过或沾染病人排泄物的人，都可能染病。14世纪的欧洲人把这场疫疠，视作上帝对人类犯罪的严重惩罚。

　　这种令人莫名恐惧的疫疠随商旅自中亚细亚传到克里米亚，然后由往来的船只带至地中海沿岸，再肆虐整个欧洲大陆。疫疠流行时，正常生活立刻停顿，田地荒废，牲畜乏人照管，被放掉任其自生自灭。生还者尽快把死者埋葬，尸体重重叠叠地堆在浅穴里，或者整批倾倒入大坑内，甚或任其在街上腐烂。疾病迅速蔓延，居民逃难住所，城市面目全非。空气也似乎充满了病菌，当年的一项记载描述说："一种令人欲呕的恶臭弥漫……简直受不了"。

　　只有少数地方的居民逃过这场大难。例如米兰大主教曾下令，如果疾病传播到米兰，最先发现疫疠的3所房屋，必须立即在周围建起围墙，把死者、病者和健康的人全部埋葬在内。结果疫疠真的没有在米兰一地蔓延。主教虽然不知疫疠怎样蔓延，但是无意中摸对了一种阻挡疫疠蔓延的有效方法：隔离。因此，乡间孤立的房屋可能是个很好的庇护所。意大利作家卜伽丘的《十日谈》一书，讲述10个贵族青年，为了避开侵袭佛罗伦萨的疫疠，躲进宫殿中讲故事，打发时间，等待疫疠消退。大规模隔离也是个好办法，今天属于波兰的广大地区逃过那次大灾难，部分原因或许是当时严格执行隔离办法。

教皇克莱门特六世也靠隔离挽救了性命。他当时住在法国亚威农，听从医生劝告，退隐至一处私人住所。虽然那时正值炎夏，他却坐在两堆不住燃烧的熊熊炉火之间，独自度过好几个星期。虽然医生可能不明其中原因，但这个措施产生预防作用，因为烈火的高温可驱退跳蚤。火也挽救了英国某一贵族的命：他知道疫疠蔓延到附近一个村庄，便不顾一切下令将村庄烧掉，他自己的生命、产业都保住了。

除了像以上的少数幸运儿外，疫疠横扫欧洲，夺去数以万计男女老幼的性命，

△ 14世纪欧洲黑死病横行

令人不寒而栗。纵观人类历史，每逢有令人震惊的大灾难之前，社会上往往因为人口过多而出现经济困难。比如疫疠和国际战争等大灾难，常常尾随人口过多而来。许多个世纪以来，这个问题不是靠政府的经济政策，而是由"偶发的"大量人口死亡来解决。黑死病发生后，雇主与仆人间的关系有了显著改变。欧洲人口减少了1/4，工人就可以要求更高的工资。而另一方面，由于社会对各种基本商品例如粮食的需求减少，地主不得不贱售农产品。由此引起经济和社会方面的不安，偶然会导致动乱，尤其是在较低阶层有时更会演变成暴乱。

疫疠使农民生活获得改善，可惜只是昙花一现。到16世纪时，欧洲的人口迅速增加，意味着农民实际工资收入比黑死病发生以前更少了。

14世纪的医生并非不学无术。他们能拔牙、整骨，甚至进行皮肤移植，但面对黑死病却是束手无策。他们不知这种疾病的起因，唯有凭猜测进行治疗。

黑死病的发作有3种形式。患者可能出现腹股沟腺炎，主要病征是腋窝、腹股沟及给蚤咬过的地方出现淋巴结红肿；也可能有肺炎的病征，肺部受感染，引起咳血；或患上最易致命的败血病，细菌迅速侵入血液，患者几小时内就会死亡。

当时的医生眼见各种不同的症状，通常都是用放血、通便剂和灌肠等方法自患者身体抽"毒"。红肿的淋巴腺则用柳叶刀割开或是加以热敷。医生还乱开药方，所用药剂从赤鹿角粉末到稀有的香料和黄金混合剂都有。此外又焚烧芳香木材以净化空气，并在地上喷洒玫瑰香水和醋，这些措施只能掩盖腐尸的臭气。

为预防疫疠，医生还建议患者采用食疗，有些食物可能确实有益，吃后身体健康，更能抵抗疾病。但大家认为最佳保障是心情平静，与上帝同在。在病房中，医生的地位还次于教士，病人常在祈祷和忏悔后才接受治疗。病人大多欢迎这种办法，因为即便药石无灵，复原无望，离开人世前能在未来世界预订一席位也是上策。染病的人并非必死，但如能康复，通常都视之为奇迹。

黑死病自14世纪横扫欧洲以后，还陆续出现多次，直至20世纪才发现其病源和治疗方法。1665年这种疫疠传到伦敦时，医生采用的治疗方法还是好不了多少。英国作家佩皮斯在其著名日记中生动地描述17世纪那次黑死病的详情，单是伦敦一地死者就数以万计。令人啼笑皆非的是，当时英国人为了阻遏疫疠蔓延，竟然把猫狗这类鼠疫的天敌大量杀掉。

点石真能成金吗

　　中古时代的炼金术士，包括天才科学家和不学无术之徒在内，都梦想找到一种叫做点金石或仙丹的神奇物质，能将普通金属（例如铅）变成灿烂的黄金，并且令服下仙丹的人长生不老。他们相信，只有获得神的恩典及得悉大自然玄机的人才有希望寻找到这种物质。为了确保他们的秘密，炼金术士采用一种凭隐喻表意的晦涩语言，使局外人无法明白他们的说话和文字记录。

　　历史上没有一个炼金术士能找到点金石的秘密，也许法国人法兰默是绝无仅有的一个例外。根据法国国家图书馆所藏他本人记述和其他所谓权威报道，法兰默在1382年制成了点金石，而且用它把铅变成银，把水银变成金。

　　法兰默生于1330年前后，出生地可能是巴黎北面的旁瓦兹。他在圣杰克教堂附近摆设一个小摊位，专门替人解字写信，并且教一些贵族怎样签名，作为生计。此外，他还制作一些很精致的抄本和宗教书籍，生意相当不错。有天晚上，法兰默做了一个古怪的梦，梦见一位天使拿出一本书给他，叫他仔细阅读，可是他正想伸手拿取，梦境便消逝了。

　　这个梦原来是一个预言。1357年，有人送了一本书给他。他一看之下，认得就是梦中所见的那本书。这本古书叫做《犹太族长亚伯拉罕书》。法兰默虽然知道它里面写有人人梦寐以求的、如何使金属变质的方法，但苦于无法明了那些古怪符号，书中还有咒语，书除了祭司及抄写员，任何人不能读它。法兰默本人是抄写员，自觉无碍，便请了几个炼金术士来帮助他钻研其中秘密，但没有结果。

　　到了1378年，法兰默认为唯一的希望是找个看得懂这本书的犹太人来帮忙。可是，犹太人当时频遭迫害，大多被逐出法国，所以十分难找。不过，他终于找到了一个改奉基督教的犹太老人康希先生。这位老先生拿着法兰默的那本书端详，越看越兴奋。他说这本书就是已经失传的《犹太教神秘哲学》，根据古代犹太教士所写的经文而演变出来的一种宗教哲学。于是，康希着手解释那些神秘符号，可惜还未解完便患病死了。

幸好康希做了这番功夫，法兰默掌握了不少符号，足以从这本古书中探索点金石的秘密。3年后，就是在1382年1月17日，终于制成一种叫做白仙丹的物质。他把这种物质加进熔铅之中，将铅变成了纯银。3个月后，法兰默又制成了一种红仙丹，可以把水银变成黄金。

法兰默做了好几次点金石，显然积聚了足够创办14间医院的财富，兴建3间小教堂，向7间教堂献金，并且做了许多别的善事。结果法兰默一时声名大噪，不但被视作了不起的炼金术士，并且被公认为大慈善家和最虔诚教徒。法兰默1417年逝世，他的故居和坟墓后来遭搜掠，人人都想找到他的点金石和秘诀。

搜寻点金石秘诀是否一开始就注定失败，法兰默是否真的炼金成功？

总之，即使他已找到点金石，事实上他的仙丹并未能使他长生不老。他葬地所在的教堂后来拆毁，但墓碑今日在巴黎克伦尼博物馆中仍可看到。据法国国家图书馆的记录显示，他确曾多次捐助慈善事业，但这些款项可能是他做生意赚回来的。那本记载炼金术的《犹太族长亚伯拉罕书》又下落如何？据说法兰默遗赠他的侄儿，并在大约200年后，落在法国红衣主教黎希留之手。黎希留既看不懂书中的怪异符号，又没有康希这样的人来帮忙，因此他死后不久，那本书便不知所踪。

那么改变金属性质又有无可能？现代科学家认为除了使用粒子加速器和核子反应炉之外，绝不可能把铅变成银或把水银变成黄金。换言之，现代科学家不相信法兰默利用当时的科学知识，可以达到这个目的。不过法兰默的成功之处，也许不在于能把贱金属变成黄金，而是像批评他的人所说，只有他能获得点金石"唯一发现者"的不朽名声。

UFO 造访地球有实证吗

一、地面留下的痕迹

这是由于地面受到某些压力或有规则的烤灼而留下的圆形、环形、三角形或半月形痕迹。大多数痕迹残留很长时间（有时达数年之久），在此期间，该处的土壤寸草不生。

1954年8月3日18时，一个透镜形的不明飞行物降落在马达加斯加的安塔那利佛机场旁边。它在跑道一端满是石子的地面上停留了两分钟。最初，它被7人（法国航空公司的1名技术处主任、3名驾驶员和3名工程师）发现。这些人发出警报，于是，机场的全体工作人员以及候机的旅客都看到了这艘奇怪的飞船垂直起飞的情景。飞船停降过的地方，直径10米的一个圆圈内地面的石子全部被压成粉末。

1954年9月10日，一个不明飞行物降落在法国卡罗布尔镇附近铁路的路基上。事后调查发现，那里的石块全部被煅烧过并压碎。估计那物体的重量在30吨左右。

一个比较出名的不明飞行物降落事件，于1965年1月12日发生在美国华盛顿州库斯特镇。美国研究员、西雅图《飞碟通报》杂志出版人贝尼尔曾对它进行过详细考察。晚上8时20分，镇郊的一个女农场主发现一道强光从天空中快速飞来。她以为那是一架即将降落到她家房顶的飞机，于是惊慌失措地同她的3个女儿跑到院子里。到了院子里，她才惊恐地发现那物体并不是飞机，而像一面白亮闪光的圆形透镜，直径约9米，顶部微成拱形。那飞行物飞行时全无声响，并做出各种复杂的飞行动作，最后降落在农场院子后面的松树林边。四五分钟后，它突然升起，飞快地消失在东北方天空。一名警官当时正在边境地区巡逻。他接到总部的无线电通知，刚巧在飞船降落时赶到现场。

△ 1952年7月，一名业余摄影师在新泽西州帕索里亚拍摄到这张UFO照片

他把汽车停在数百米外，和那4个女人一样感到惊恐。尽管警官并不认识那些女目击者，但他的报告同她们的目击情况完全吻合。在飞船降落过的地方，雪地上有一个圆形的印迹，直径约三四米，圆痕下面的土地完全被烤焦。从这个圆圈出发，等距离排着一行长约20厘米的椭圆形印迹，到松树林前面便突然消失了。这些痕迹两个月内都能清楚地看到。

1965年9月3日23时，两名正在美国得克萨斯州德蒙市附近公路上巡逻的警官发现一团夺目的亮光降落在他们面前的平原上。他们小心翼翼地走过去，惊讶地发现停在他们面前的是一个常规意义上的大飞碟，从里面发出强大的噪音。飞碟的发动机、大灯和无线电突然停止了工作，大约15分钟后才重新启动，然后陌生的飞碟立即起飞了。走近降落的地点，两名警官发现地面的泥土被烤焦并被巨大的重物压过。

1967年5月5日，法国科多尔省马连斯市市长在他的管区不远的地方发现一个颇有意思的飞碟降落时留下的痕迹。那是一个直径500厘米，深30厘米的圆圈，从圆圈呈放射状延伸出去一系列10厘米的"沟"，沟端有一些深35厘米的圆洞。在这些沟和洞的底部，积了一层淡紫色粉末，不知为何物。

1968年6月，阿根廷米拉马尔市附近的一名目击者看到了一次非常少见的不明飞行物现象：那艘飞船仿佛被一束光支撑着，停在离地面约50厘米的空中。可当目击者企图走近它时，飞船却迅速地飞走了。警察对目击者指出的地方进行调查，结果发现那里的土壤被一种异常强大的热源烤焦。

1968年7月1日，许多目击者（其中包括医生、工程师和警察）看到一个不明飞行物在巴西圣保罗州博图卡图医院附近降落的情景。几分钟后，飞船无声无息地飞走了，地上留下一个成等边三角形（边长7米）的深深辙印。

1969年5月11日，在加拿大魁北克省，有一个不明飞行物降落在离查普特先生的农场仅200米的地方。凌晨2时，查普特先生被犬吠声惊醒，开门出去查看，正好看见飞船起飞，这一情景还分别被另外4人看到。当地警方调查时，发现一个圆形印迹，周围还有3个深度不同的小印子，如果用直线连接起来，正好构成一个等边三角形。一些直线形的浅沟（像是圆形重物在地面拖动而形成的）从两个大圆圈延伸出去，终止在一条灌溉渠的堤坝上。

1970年8月29日夜，许多目击者发现一个发出强烈红光的圆形物体在瑞典安滕湖附近飞翔。在完成了一系列复杂的空中动作后，该物体向埃尼巴肯镇方向降落了。第二天早晨，该镇的一个居民——约翰森老人发现他家的菜园里有3个圆形印迹，里面的土壤被压过，构成等边三角形顶点的这些圆印直径为40厘米，深4厘米。调查人员从该地区中，以及不明飞行物降落的三角地采集了土壤标本，送交瑞典查默斯核化学研究所进行比较分析。瑞典专家们通过r射线分析仪分析，发现降落点的土壤标本中放射性比普通土壤标本大3倍，达660千电子伏特。这样的辐射只能来自钡137的同位素，而且只有当钡137放射性同位素放了β射线时才能出现。但是，钡同位素只能在受激核反应中才能形成，约翰森老人怎么可能在他的菜园里发现核裂变呢？

二、植物被烧焦

90％的此类事件中，这种后果并非自身燃烧所致，而是受到异常强烈的热辐射的结果，其中35％的事例还伴随着放射性后果。一般说来，被如此毁坏过的地区的植物很难恢复，而且25％的例子中，从此土壤寸草不生。

1966年10月7日18时30分，14名目击者发现一个明亮的空中物体降落在密执安半岛印第安湖畔（美国密歇根州）。发动机和仪表停止了将近1小时，而当那个物体重新起飞后，在地面留下一个圆形辙印，里面的草木完全被烤焦。

1967年6月18日夜间，发生在加拿大安大略省法尔扎湖上空的事件也颇为诡异，6人目睹并出具了报告。当晚23时，目击者中的两人拜访朋友之后驾着小船回家。突然，他们发现离湖岸800米至900米远处，一个发光的物体停留在离树梢15米至20米的空中。他们把小船朝那个方向划去，但是那个物体突然急速地向小船冲下来，两人急忙后撤。第二次俯冲迫使他们只好把小船靠岸，并把住在附近一座山间别墅里的4个人叫出来。6个人一同注视着那艘奇怪的飞船在离他们300米至400米的空中停留了10分钟至15分钟，然后消失在西北面天空，整个事件持续了30分钟。在此期间，飞船一直没有发出任何声响，唯一能证明它存在的是那些树枝被笼罩在一片耀眼的白光中，并且被一股强大的气流吹得猛烈晃动。下面是来自加拿大国防部调查员一份正式报告的片断："据目击者描述，该物体为椭圆形，上部稍微突出，乳白色，闪光，高约8米至10米，厚约3米至5米，在远方消失时，呈橘黄色。一名目击者称，当时他正在用630千赫的频率收听CKRC电台的广播节目，突然频道上出现极强的干扰，节目再也听不见了。"这份报告最后写道："几根被烤焦的树枝标本被送到温尼伯进行分析。森林与乡村发展部通报说，无法解释收集到的本地区的3个树种——白桦、榛树和樱桃树——同时枯萎的原因。许多树都受到伤害，但并无一定顺序，而且主要是树梢。林业专家认为，造成枯干的原因可能是强大热量。"这一件事后来被纳入"无法弄清"的一类。

1968年7月31日，印度洋中法属留尼汪岛上的种植园主卢西·丰泰因在一片林中空地上看见一个边缘呈深蓝色的椭圆形物体。那个不明飞行物离他仅25米，停滞在离地4米至5米的空中。丰泰因估计它高约2.5米，直径4米至5米。他看见飞船的中部有一个蓝色的屏幕，几分钟后，从屏幕后面射出一道耀眼的白光，并伴随一股巨大的热气流，陌生的物体旋即飞走了。10天之后，该岛公民保护署主任列格罗斯上尉带着吉洛特机场最完善的检测仪器赶到现场。他发现在飞碟降落点方圆5米范围内，土壤和植被的放射性含量达600亿单位，比正常量高30倍，就连目击者的衣服也带有放射性成分。列格罗斯上尉显然感到震惊，他下结论道："这件事有人亲眼目睹，毋庸置疑。"1968年11月6日，将近100个人看见一个明亮的空中物体降落在巴西皮拉松加地区。巴西空军当局对此事进行了秘密调查，并拍摄了地面上留下的痕迹。一个直径为6米的圆圈，里面植物全部枯槁，圈内还有3个均匀分布的小坑（显然是支撑系统的底柱留下的）。

一个比较出名的事例发生在美国依阿华州巴尔的农场。

1969年7月12日23时，两名少女（巴尔的女儿和她表妹）恐惧地发现一个明亮的不明飞行物掠过农场上空向远方飞去。两个少女足足看了两分钟，她们听到飞船发出隆隆之声。飞船的形状像一只倒扣过来的浅底碗，呈深灰色，沿着自身的轴心不停地转动，在飞船高度2/3的地方有一个橘黄色光环，它消失在西北天空，只留下一道橘黄色光痕。巴尔农场主直到第二天早上看见飞碟在他的大豆地里留下的痕迹时，才相信两个女孩子说的是真话。地里一个直径约12米的圆圈内，作物完全被毁了。海尼克博士几星期后察看了现场，他写道："在那个圆圈内，树木的枝叶从主干开始枯干，明显是被巨大的热量烤过。但树干并未折断，也未弯曲，地面上也没有留下任何痕迹。这一切表明，热量或其他带杀伤力的因素像是从近距离的空中施加的，并未与地面直接接触。"

1969年底，在新西兰发现了两次留下痕迹的飞碟降落事件。9月，在北岛的恩加蒂亚，发现一个圆圈内野草和荆棘的枝叶全部褪色，并受到放射性污染。11月，北岛巴夏图瓦的农场主亨利·安杰里尼发现他的农场地里有一个直径约12米的圆圈，圈内的草全部枯萎。之后，D·哈里斯博士在南岛的布林海姆也发现了一个类似的印迹。所有这些"死亡区"都是圆形的，圆圈内有3个较小的坑，分布在一个等边三角形的顶点。受放射伤害的土壤一直寸草不生，无论家畜还是野兽都会远远地绕开它……

三、水源被污染

人们多次发现，来历不明的飞船常常进入海洋、江河和湖泊去加水或排放废弃物。在65%的这类情况下，水源会受到放射性影响或被化学物质污染。

1961年夏天，苏联发生了一起著名的不明飞行物在水面降落的事件。事情是这样的：一个巨大的不明空中物体以惊人的速度俯冲下来，砸穿了拉多加湖面1米多厚的冰层。冰层被砸开了一个直径100米的圆形口子，飞船钻入湖水，在里面停留了将近1小时，然后钻出水面，向北方飞去。受到飞船撞击的地方冰层变成绿色，并带有放射性。后来，还在圆形窟窿的边缘发现了钛粒子。试问：地球人类迄今制造的哪一种飞行器能够经受得住这样厚的冰层的撞击呢？

1968年4月初，在瑞典乌普拉门湖面1米厚的冰层上，发现了一个面积为500平方米的三角形大洞。这之前，一个巨大的空中物体"坠落"下来，把砸碎的冰块抛出老远。几天之后，在冰面上又发现了两个大窟窿，其中一个的形状和面积与前者完全一样。瑞典空军方面的专家们发现，窟窿附近的冰带有放射性，而部队潜水员则发现湖底的淤泥结了一层特性不明的硬壳，其中所含物质，与1950年一次飞碟降落后将加拿大索毕尔湖水染成红色的那种物质类似。

1970年9月14日，一个不明物降落在新西兰蒂奎蒂附近布莱克莫尔的农场边一个小湖里。第二天早晨，农场主发现湖水水位上涨了很多，而岸上的痕迹表明夜里湖水曾溢出坝外。湖水变成了暗红色，并带有刺鼻的气味。也许为了避免使人类受到伤害，陌生的飞船把有毒（放射性或化学）物质倾入密封的集装箱内沉入水底，说明"外星客人"非常注意地球生物圈的安全。

1971年1月3日早晨，阿蒂·卡拉维基工程师曾调查过一件发生在芬兰库萨莫地区萨彭基湖面上的不明飞行物降落事件。那天，许多目击者看见一个闪光的圆球从离结冰的湖面8米的空中掠过，放射出的亮光1500米范围内都能看清。几分钟后，那飞船降落在离毛诺·塔拉家17米处，停留1分钟后，它又突然起飞，跟出现时一样，无声无息地消失在北方天空。过了几个小时，目击者们发现，飞船停降过的地方（湖边），冰层变成了绿色。几天后，专家们从那些冰及其下面的土壤取了样，送交一家瑞典实验室和两家芬兰实验室进行分析。研究结果表明，冰并未受放射性侵害，但其中包含着大量的钛元素。由此可见，外星飞船在地球上留下的大多数痕迹带放射性，而且，钛是制造这些飞船的主要材料，这些都是有关外星飞船的推进位置和机身构造的宝贵信息。我们知道，地球技术所预见的未来星际飞行的出路之一，就是使用原子能发动机，而钛又是地球上强度最大的金属，并从1974年起大量运用于空间技术。

四、有生命的机体受到影响

地球上的人和动物，由于不慎而过分靠近不明飞行物，在有的情况下，身体会感到不舒服，当然没有致命的影响。这些后果是由于超过正常标准的辐射而造成机体暂时紊乱。需要指出的是，这种辐射每次都是事故性的。

1968年8月，阿根廷门多萨医院的残疾人阿德拉·卡斯拉维莉从窗口看

△ 1967年美国罗得岛州不明飞行物

见一艘圆盘形的飞船降落在医院旁边。几秒钟后，飞船重新起飞，放出一种辐射状的"火花"。她的脸部被灼伤，昏迷了20秒钟。这时，飞船已迅速飞走。阿根廷空军情报处和原子能委员会秘密地调查了此事，发现飞船停留过的地方有一个直径50厘米的圆形印迹，土壤呈灰色，放射性程度很高。专家们确认，这位残疾人被灼伤是强烈而短暂的辐射所致。无论是外伤，还是附带的恶心、剧烈头疼等，都会在1个月后才消失。

1970年，在芬兰南部吉米亚维村附近的森林里，发生了另一件给人类造成不快的事件。两名目击者埃斯科·维利亚和守林人阿尔诺·赫诺宁滑雪穿过树林。突然，他们听到一种奇怪的"嗡嗡"声，仰头一看，发现一个闪闪发光的物体绕着大圈向他们头顶上飞来，到了离他们数十米的空中，那物体突然停住，他们发现它被一层明亮的红雾环绕着。不明飞行物向一片林中空地降落下来，停留在离他们头顶三四米的地方，两人惊恐万分，一动也不敢动，红雾消散了，"嗡嗡"声也停止了。赫诺宁和维利亚这才看清那物体为圆形，金属结构，直径约3米，平坦的底部有3个半圆形，构成一个直角三角形（大概是可伸缩的支架），物体的中部有一根直径约25厘米的管子，几分钟过后，从管内喷射一束强光，雪地上显出一个黑圈，圈内的积雪被光束照得耀人眼目。经过一系列闪动的怪光之后，一束光投到赫诺宁身上。接着，飞船又被一层红雾包围住了，两人惊愕地看见那光束被渐渐地收回管子内，而且始终保持同一形状，仿佛是用空气剪裁成的。接着，那物体升到高空，

以令人难以想象的速度消失到西北方去了。这两个芬兰人却由于自己不慎，呆在离飞船非常近的地方，结果吃了大苦头。赫诺宁腹部剧痛，小便变成黑色，身体极度虚弱，这种状况持续了1年之久。维利亚则浑身皮肤发红，很快得了头晕病，身体不能保持平衡。医生们诊断不出两个目击者患病的原因，但均认为他们受过强烈辐射。

五、电路短路

不明飞行物造成的电磁现象迄今尚无法解释。在许多情况下，在靠近外星飞船的地方，汽车发动机停转，灯光熄灭，广播电视台节目中断或被严重干扰，还有整个城市的高压输电线路甚至发电站受到影响的情况，有时，靠近陌生飞船的金属物品还会被磁化。

1957年11月2日夜至3日晨，一个最出名的例子发生在美国得克萨斯州莱维兰德市附近。这一事件有15名至20名目击者，其中有5名警察和1名消防队上尉。

事情是从11月2日晚上23时开始的。值班的警察弗勒接到一个奇怪的电话。卡车司机索塞多和他的助手J·萨拉兹惊恐地报告说，当他们的车沿着116号公路行驶到离莱维兰德市约7公里时，发现天空有一大团火焰。他们说，当那个空中物体飞近时，汽车马达熄火，车灯也灭了。两名司机下车，以便更好地观察那物体，可是由于它速度极快，又放出巨大热量，两人不得不扑倒在地。他们俩描述道："那个物体呈淡黄色，很像一枚长约70米的鱼雷，以每小时约2200公里的速度飞行。"当它飞过之后，卡车马达重新启动，车灯复明，两名司机急忙将此事报告警察局。但是，弗勒没有把他们的报告放在心上，认为他们是醉鬼。可是，夜里24时，维沙拉尔地区一位颇有名望的公民打来电话报告说，当他驱车行驶到莱维兰德市以东约7公里（这正是索塞多发现的飞船消失的方向）时，遇见一个椭圆形闪光物体，长约70米，停在公路上，周围被照得一片通明。当他的汽车开近时，马达停转，车灯熄灭。过了几分钟，不明飞船突然起飞，亮光消失，汽车的马达又毫不费力地启动了。24时10分，另一目击者遇见那个物体降落在莱维兰德市北约20公里的地方，并向警察局报告了与前两个报告相同的内容。

事后，蓝皮书计划执行小组和美国全国气象调查委员会在调查过程中又获得了两份类似报告。一份说24时12分在莱维兰德西北约28公里的地方，一个发光的物体从空中飞过，两台收割机的4部发动机同时熄火。另一份说，一名得克萨斯理工学

△ 1970年日本不明飞行物

院的大学生24时零5分开着车子到达莱维兰德市以东约11公里处时，发动机和车灯同时出了故障，他惊恐地发现一个长约40米的椭圆形平底物体停在公路上。那物体像是铝制的，闪着荧光，通身光洁，看不到任何内部构造。几分钟后，物体突然腾空而起，消失在黑夜之中，这时，目击者的汽车发动机和车灯重新恢复工作。在父母的坚持下，该大学生第二天把事情的全部经过报告了莱维兰德市的警察局长。

再说当晚，警察弗勒在24时15分还收到一名目击者的电话报告说，一个不明飞行物降落在市北约17公里处。他的汽车的遭遇情况与上述报告完全相同。弗勒对这个事件再不能等闲视之了，终于决定报告警察局长。10分钟后，几辆警车被派出去调查现场。第二天，一份调查报告出来了，报告中除了有关情况，还提到夜里24时45分，另一名目击者发现不明物体降落在离他的卡车300米至400米处（莱维兰德以西），卡车突然莫名其妙地停了。目击者还讲述了一个很有意思的细节：飞船降落后，颜色从橘红变成淡蓝，起飞后又变回原色。凌晨1时15分，警察弗勒接到电话，有人在俄克拉何马一弗拉特公路上看见了一个不明物体。这时，几辆警车在城郊公路上搜寻，弗勒及时将他们引向出事地点。警察局长克莱姆和副手麦克考洛乘坐的汽车于凌晨1时30分到达俄克拉何马一弗拉特公路离莱维兰德7~9公里处，发现一大团椭圆形的红色亮光停在公路上。几秒后，那物体向西飞去，被附近的警察哈格罗夫和加文发现。继后，陌生的飞船又被警察贝伦看见。

在那个值得回忆的夜晚，前后共收到15份看到不明飞行物的电话报告。第二天，目击者们出具了20多份正式签名的证词。不明物体共被15人至20人看到，造成了10辆不同型号车辆的临时故障，因此不可能是集体发生错觉。目击者互不认识，而且调查结果证明他们所讲的是实情。

1970年8月13日夜间，另一件出名的事件发生在丹麦哈德斯莱夫市附近。22时50分正在城市外围巡逻的警官埃瓦德·马鲁普的汽车马达突然停止，车灯熄灭。紧接着，车子被来自上方的一道强光罩住了，车内酷热难熬，警官探头观看，只见一个圆盘形物体停在空中，从它里面射出一束锥形白光。马鲁普想同总部联系，但无线电对话机已不能工作。后来光束渐渐地缩回飞船舱内，使警官惊讶不已的是光束始终保持固定的形体，仿佛是用空气剪裁成的。飞船迅速而又一声不响地升高，直至消失到星空中去了。此间，马鲁普成功地拍摄了6张相当清晰的飞船照片（这些照片经过丹麦和法国专家鉴别其真伪后，被发表在报上）。飞船消失了20秒钟后，马鲁普警官的汽车发动机、车灯和无线电通信装置重新恢复正常。最惊人的至今仍然无法解释的现象是陌生的飞船竟能分段逐渐收回光束。此种现象在法国（1967年5月6日）、加拿大（1968年8月2日和1970年1月1日）、芬兰（1970年1月7日）和中国（1983年2月21日）都有发现。

六、收集到的飞船残骸

这种情况比较少见。但是，一些颇负盛名的作家和国际通讯社认为，美国、巴西、西班牙和瑞典等国可能掌握着外星飞船1947年至1983年掉在他们国土上的物品甚至残骸。

1974年，美国佛罗里达州的巴茨拾到一个直径201厘米、重10公斤的钢球。这个钢球的奇特之处在于受到脉冲作用时，它便沿自己中轴旋转着成直线运动，然后返回自己的出发点。在向几个不同的方向进行过同样的运动后，钢球自动停止。美国海军的一个实验室化验结果表明：该球放出无线电波，并被一个强大的磁场包围着。美国的军事专家说不出这个钢球的来历，也无法解释它的这些奇怪的特性。

神奇的无痛人之谜

20世纪30年代，布拉格的唐鲍博士见到一位奇特的患者。他53岁，与常人完全不同的特殊遭遇使他过早地衰老，弯腰弓背、步履蹒跚、瘦骨嶙峋。他自述从出生起，就不知道什么叫疼痛，从小跌打摔伤、火烧水烫，从没喊过一声痛。长大后，成了一名水手，走南闯北，什么苦头都吃过，还是不知道"痛"是个什么滋味。艰难困苦，给他精神上带来巨大的创伤，而无数次的外伤流血，又在他肉体上留下了重重叠叠的疤痕。离奇的无痛生活给予他的恰恰是人世间最大的痛苦。

唐鲍博士半信半疑地听完这传奇式的病史，小心翼翼地开始检验病人，结果使他大吃一惊。病人果然像他自己叙述的那样，无论是锐利的针刺，还是重重地敲打，都毫无疼痛的感觉，他确实是一个没有痛觉的人。

唐鲍博士以"先天性痛觉缺失症"为题第一个报告了这种罕见的怪病，并把这种病人称为"无痛人"。这个首例报告引起了医学界极大的兴趣。从1932～1973年全世界共发现了49例。在我国，也发现过两例"先天性痛觉缺失症"患者。其中一个是江苏省阜宁县的5岁男孩，他是在右肘关节跌伤脱位继发骨髓炎求医时被发现的。小小年纪同样也有一部不知疼痛的病史。出生后半年，他和其他小孩一样双手着地爬行，可是他的手指被抓伤、刺伤出血时，他却从来不哭。有一次患骨髓炎住院，动手术时锋利的手术刀切开了肘关节的脓腔，脓液涌了出来，再塞入引流纱条。这种疼痛在常人来说是钻心的，再坚强的人也难以忍受，可他竟然在一点麻药都没用的情况下照常嬉笑自如。

令人费解的"先天性痛觉缺失症"的出现，向现代医学提出了新的挑战。医学家们一直在寻求解开"无痛人"之谜的钥匙，但迄今为止，对于痛

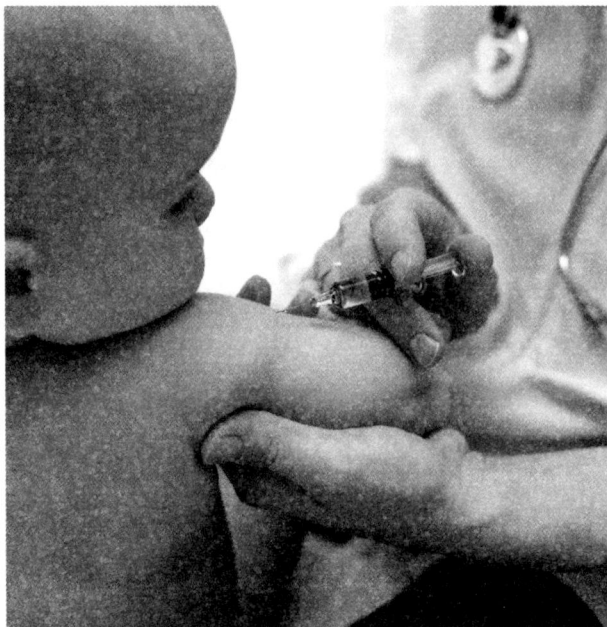

△ "疼痛"的本质到底又是什么呢

觉感受器是否存在的问题仍是议论纷纭。一般认为痛觉是由位于皮肤内的细小的无包膜的神经末梢感受的。外界痛能刺激引起的神经兴奋由感觉神经传递，经脊髓后角进入脑干，再到后脑丘外侧核，最后抵达大脑皮质的中央后回。

所以最初人们怀疑"无痛人"是否存在痛觉感受器，以及传导径路是否畅通无阻？检查结果表明，从神经末梢开始至大脑皮层为止的整个组织结构是正常的。"无痛人"的冷、热触觉与位置本体均属正常。按现有的理论来看，人的痛觉与温差觉（冷、热觉）这两种感觉神经纤维密切伴行，其传导径路是共同的。"无痛人"温度觉得正常，间接证明了他们的痛觉传导途径也是正常的。于是矛盾就集中到大脑上去了。

有的学者提出了"大脑痛觉失敏感"的说法，认为大脑对传送上来的痛觉刺激不起反应。但究竟为什么大脑会对如此重要的神经冲动"无动于衷"呢？科学家进行了各种研究、推断，认为人脑里存在着称为"内啡呔"的物质，它与吗啡的作用相似，有着强烈的镇痛作用。"无痛人"脑中内啡呔含量超过正常人3～5倍之多，于是上传至脑的疼痛刺激便被超量的内啡呔镇痛作用所掩盖了，"无痛人"便失去了痛觉。那么"疼痛"的本质到底又是什么呢？看来，这个谜底还有待科学家进一步研究和探索。

久放不腐的人体之谜

　　具有悠久历史的意大利西西里岛的古老遗址中，还保留着旧石器时代绘画的驿罗萨里奥洞窟教堂。从外表看，它很普通，可是它的另一个神秘之处则令人吃惊。在这里的地下，竟沉睡着8000具木乃伊！

　　这里有个地下墓室，在墓壁两侧密密麻麻地立着许多木乃伊，令人心惊胆战。

　　而真正使这座地下墓室闻名于世的却是这8000具木乃伊中一个年仅4岁的女童木乃伊。

　　女童名叫伦巴尔特·劳扎丽亚，她死于1920年12月6日。她死后，她的母亲十分悲哀，特将巴勒莫的一位名叫萨拉菲亚的医生请来了。向他恳求："请您设法让我孩子的遗体永不腐败，这是我唯一的祈愿。"

　　于是，萨拉菲亚医生为这个女童做了特殊的注射，据说他使用了数种药剂。

　　如今70年过去了，这个女童仍然安眠在一个单独的玻璃棺内，无论怎么去看，她都令人觉得依然是活人一般。凡是看见了女童的人，都会情不自禁地发出感叹："呵，她还活着！"

　　她依然那样可爱、美丽，面庞仍像生前那样红润、丰满，肌肤也是那样粉嫩、光滑。此时此刻谁会相信她已死了70年呢！事实上，即使对于众多的科学家来说，女童的存在也是一个无法解开的谜团。

　　遗憾的是，那位萨拉菲亚医生在给女童做了不腐处理之后不久，便猝然死去，死因也无法查明。在他死前，对保存遗体的秘方一直只字未露。因此，那个秘方也成了永远的秘密。人们期待有那么一天能解开这个谜，使女童再次复活。

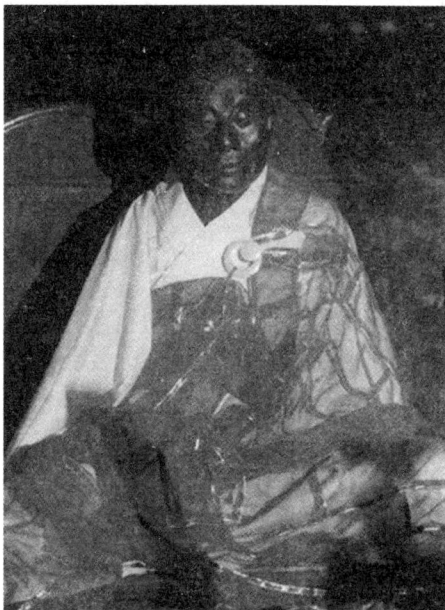

△ 元际禅师的肉身

据报道，我国九华山双溪寺僧人大兴于1985年死亡，其肉身迄今仍保存完好。

我国僧人用秘方保存肉身，可谓古已有之。唐代高僧元际禅师的肉身，历年过千而至今仍然保存完好，被学术界视为"世界唯一奇迹"。可惜的是，这件国宝级的文物现在却不在国内，而在日本。

在唐贞元六年（公元790年），91岁高龄的元际禅师自知来日不多了，便悄然返回故乡湖南衡山的南台寺，停止进食。只嘱门徒将他平日搜集来的百多种草药熬汤，他每天豪饮10多碗，饮后小便频繁，大汗淋淋。门徒见情，纷纷劝阻，元际禅师只是笑而不答，继续饮用这种散发芬香的草药汤。一个月后，他清瘦了，但脸色红赤，两目如炬。有一天，他口念佛经，端坐不动，安详地圆寂了。又过了月余，禅师的肉身不但不腐，而且还芬芳四溢。门徒们大感惊诧，认为这是禅师功德无量的结果，便特建了庙寺敬奉。千百年来，香火甚盛，历久不辍一直到清末民初。

20世纪30年代，军阀割据，战乱频繁。潜伏在湖南一带，以牙科医生为掩护的日本间谍渡边四郎早就知道禅师肉身的价值，便乘乱毒昏寺内的小和尚，将元际禅师肉身移放在寺庙外，隐藏了起来。不久，该寺庙毁于兵火，世人都以为禅师的肉身也一起遭劫了。

抗日战争末期，渡边四郎见日本侵华军的大势已去，便偷偷地将肉身伪装成货物，装船经上海偷偷运到日本。

开始，辗转放置在他所在的乡间，后来移置在东京郊外一座小山的地下仓库里，秘而不宣。1947年，渡边四郎病重身死，人们在清理遗物时，从他的日记本中得知这一重大秘密。当局立即派人打开仓库,只见禅师盘腿如坐,双目有神,俨如活人。专家认为,一般木乃伊的保存,是人工药物制的"躯壳",并不稀奇。但暴露于空气中的肉身千年不朽,实为世界一大奇迹。经检查,禅师腹内无污物,体内渗满了防腐药物,嘴及肛门均被封住,这些可能都是肉身不朽的基本原因。至于他临终前饮用的大量汤药究竟是什么草药,已经无从考究了。

元际禅师的肉身现存于横滨鹤见区总持寺,并被视为日本"国宝"。

在法国的讷韦尔,已经去世126年的圣女贝尔纳黛特躺在玻璃棺内,她的容颜依然柔软而有弹性。贝尔纳黛特35岁逝世,1879年安葬。在她被封为圣徒之前,天主教会3次要求挖出她的遗体进行检查。许多医生、神父与名望之士目睹了各次挖掘的过程。贝尔纳黛特的遗体并未腐朽,她逃过了肉身腐坏的自然规律。

据《北京科技报》报道,贝尔纳黛特是法国卢尔德的一名农村少女。14岁时,她第一次梦见了圣母玛丽亚,后来又多次梦见她。不久,贝尔纳黛特便离开家人,进入讷韦尔的修道院,也就是如今她的遗体所在之处。这名性格温和的修女终生体弱多病,但她却使周围人经常感受到鼓舞。在天主教会正式封她为圣徒前,所有认识贝尔纳黛特的人都认为她是圣人。

天主教会曾3次要求挖出她的遗体进行检查,在经过了100多年之后,遗体应该只剩下骨架。然而,圣女贝尔纳黛特的每次出土记录中都提到,尽管她手里握的念珠已经生锈,她的遗体却保存得相当完好,皮肤柔软而富有弹性,面容栩栩如生。

享誉国际的遗体修复与保存专家杰奎琳说:"在我对不朽之身的研究过程中,最让人着迷的,就是圣女贝尔纳黛特。她栩栩如生,是保存最完好的不朽之身。"

保罗·波契提是意大利特异现象调查委员会成员。他认为某些不朽之身可能被信徒暗中做过防腐处理。埋葬的环境会影响腐坏速度,湿热环境会加快尸体腐烂。然而,并非所有的不朽之身都经过防腐保存,或是葬在稳定的环境中。

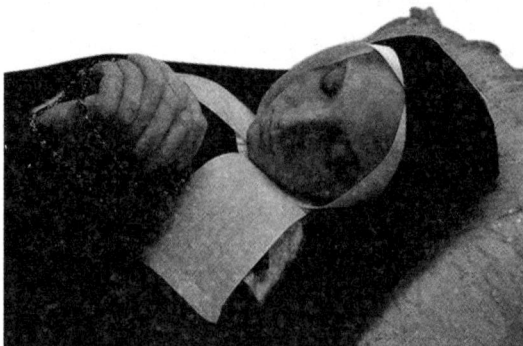

△ 圣女贝尔纳黛特

科学家们探究着谜团，而圣女仍然静静地躺在金边玻璃棺中，秘密仍然埋藏在她庄严的微笑后。这种微笑已经保持了126年，她的遗体将过去与现在连接在一起，她是温和与谦恭的楷模。

圣女贝尔纳黛特的秘密，远远超越肉眼所见的完美外表。3次挖出遗体的报告中都说，圣女的遗体保存得相当完好："交错在胸前的双手很完美，毫无尸体腐烂的气味，美丽的双手握着一串生锈的念珠，胸口的十字架上也布满了铜锈。"

十字架项链上有铜锈，表示空气与湿气钻进了棺木。为何唯独遗体没有腐烂呢？圣女贝尔纳黛特美丽的遗容引导千百万人坚定了信仰。其完好的状况被视为奇迹。其中最让人震惊的是，第三次挖出遗体时，有个医生在报告中指出，圣女贝尔纳黛特的骨架保存非常完好，肌肉"结实而有弹性"，肝脏"柔软"，而且"软硬程度几乎正常"。他指出这种情况似乎并不是自然现象。因为以科学规律来说，人的心跳一旦停止，血液就会停滞，体内细胞会由于缺氧而在数分钟之内死亡。外部环境会大大影响尸体腐烂的速度，腐坏的尸体通常会变绿，释放的某些物质与气体会使皮肤膨胀、起泡，这种现象通常从腹部开始。几周内，毛发与指甲就会脱落。1个月后，身体组织开始液化。1年后，尸体多半只剩下骨架与牙齿，只有少数细胞组织还附着在骨架上。可是，如何解释贝尔纳黛特的现象呢？

杰奎琳认为，这可能是尸体分解过程中发生的一种"皂化"现象。即身体的脂肪转化成"尸蜡"——一种蜡一样的黏稠物质，可以保护身体，使肌肤丰腴、容光焕发。因此，贝尔纳黛特的容光极有可能是"皂化"现象造成的。

木乃伊真能转世吗

相传古埃及在很久很久以前，有一位本领超凡的法老，名叫奥西里斯。

奥西里斯教给人们种地、做面包、打井、酿酒、开矿的技能，使人们的生活水平大大提高，人们非常崇敬他。但奥西里斯的弟弟塞特对此十分妒忌，想阴谋杀害哥哥，夺取王位。

某日，塞特请奥西里斯吃饭，找了很多人作陪。吃饭时，塞特指着一只漂亮的大箱子对大家说："谁能躺进箱子，这个箱子就送给谁。"奥西里斯在人们的怂恿下躺进箱子一试，他完全没想到，自己刚一倒进箱子，箱子就被塞特关上，并加上大锁，被扔进尼罗河里去了。

奥西里斯遇害之后，他的妻子四处奔波，终于找回他的遗体。塞特知道此事，又偷去奥西里斯的尸体，剁成14块，分别扔到各处。奥西里斯的妻子又从各地找回了丈夫遗体的碎块，悄悄掩埋。

后来，奥西里斯的孩子逐渐长大成人，打败了塞特，为父亲报了仇，又把父亲的碎尸从各地挖出来，拼凑在一起，做成我们今天所见到的木乃伊。奥西里斯的遭遇感动了神，后来在神灵的帮助下，奥西里斯复活了。不过，他虽复活了，但不能重返人世，而是留在阴间，做了阴间的法老，专门审判惩处坏人，保护好人。

这只是个传说而已，但埃及自上古时期就风行"木乃伊"葬俗，这倒是历史的真实。

据研究，受这个神话的启发，每一个法老死后，都要把奥西里斯的神话表演一番，首先举行寻尸仪式，随后举行洁身仪式，把死者遗体解剖开，把内脏和脑髓取出，然后将其浸入在一种防腐液中，除掉油脂，泡掉表皮。待70天之后，再把尸体取出晾干，将各种香料填入体腔，外面涂上树胶，以防

△ 奥西里斯神

止尸体与空气接触，最后再用布将尸体一层层裹扎起。这样，一具经久不腐的木乃伊就做成了。遗体安放前，还要举行神秘而隆重的念咒仪式，为木乃伊开眼开鼻，把食物塞进它的嘴里。据说，这样它就能像活人一样呼吸、说话和吃饭了。最后举行安葬仪式，把木乃伊装入石棺，送入他永久的居住地——金字塔里。

如此处理尸体，未免显得过于残酷。如果不是认为这样可以防止尸体腐烂，待神灵降临之际，能够唤回死者灵魂与肉体的复活，古埃及人绝不会干这种蠢事的。

世界上许多民族都懂得尸体防腐术，这正是基于他们深信灵魂可以复活。那么，谁来使他们的遗体复苏呢？答案只有一个——神灵。然而，又是谁赋予他们这种超度死亡的转世观念？是古代某位法老突发奇想甚至心血来潮的偶然现象，还是他们之中某位法老亲眼目睹神灵唤醒过某位死者而由此得到启发？

远古的事情的确难以预料。但在科技发达的今天，保存尸体和唤醒生命，不仅显得那么平常，而且所拥有可行的手段又是那么多。低温冷冻可以保持生命的鲜活，并使之暂时进入一种休眠状态，细胞组织不仅可能复制生命，甚至还能源源生产。科技的发展速度的确令人咋舌，20世纪初低温冷冻仅仅是一种幻想，如今它已被广泛地运用到精液冷冻、血液保鲜、人造器官移植等许多领域，而细胞组培运用的领域更为广泛，从植物种苗的栽培一直到畜牧业的品种更新方面。

低温冷冻人体生命正在成为现实。美国、苏联均已成功地冷冻并复苏了狗、鱼等生命。今天，细胞组培技术不仅成功运用在农林业和畜牧业上，给人类社会带来巨大的物质效益，而且在古生物和人体方面的试验，也日益接近突破的边界。

因此，当1963年美国俄克拉何马大学的生物学家郑重宣布，去世几千年裹于木乃伊之中的埃及公主美妮的皮肤细胞还具有活力时，全世界都为之震惊。这也就是说运用现在的细胞组培技术，我们可以在不久的将来唤醒美妮公主。

因此看来，埃及法老们相信转世再生绝非荒诞不经的想法，只是我们对他们太缺乏了解。

因此，考古学家曾用激动不已，甚至战战兢兢的口吻告诉我们以下事实：1954年，美国科学家在埃及萨卡拉地区，发现了一座从未被盗的坟墓，墓中的金银财宝依然完好，在黑暗中炽炽生辉。科尼姆教授带领考古人员，正式撬开滑动的、但不可拆卸的石棺盖时，他们惊讶地发现，棺内空无一物，木乃伊不见了。

难道，安葬者把大批财宝放进修得富丽堂皇的陵寝室，突然忘了放进死者？

1955年，在距蒙古共和国边界不远的地方，发现库尔干五世的坟墓。人们大为惊叹地发现，整个墓室堆满了长久不化的冰块，墓中所有的随葬物品均保持着完好状态。一对全身赤裸的男女安眠于冰块之中，宛如活人。他们神态安详，并若有所思，仿佛随时都愿意重返人间。

当你读到这些时，千万不要惊慌。因为在美洲安第斯山脉有冰坟，在西伯利亚有冰川坟，在北非和南非均发现过木乃伊。这些冰坟主人的身旁，放有珍宝和其他物品，而且设计精妙，如今依然坚如磐石。

不是把转世再生的希望寄托于神灵帮助的民族，是不会如此认真地保存尸体的。

那么，"神灵"又是谁呢？

朗戈朗戈木板之谜

　　地球上最神秘的地方是岛屿，在所有的岛中最神秘的又数地处太平洋的复活节岛，这座岛上因有巨大的石雕像而闻名于世。与巨石人像一起吸引人类的还有无数不解之谜，朗戈朗戈木板就是其中之一的谜团。

　　朗戈朗戈木板是复活节岛最神奇的谜团之一。它是一种"会说话的木头"，当地人称其为"科哈乌·朗戈朗戈"。最先认识此木价值的是法国修道士厄仁·艾依罗。在岛上生活的一年中，厄仁全面确认了这种木板文字就是复活节岛的古老文字。

　　"朗戈朗戈"是一种深褐色的浑圆木板，有的像木桨，上面刻满了密密麻麻的、一行行的图案和文字符号。木板上的图案，有长翅的两头人，有钩喙、大眼、头两侧长角的两足动物，有螺纹、小船、蜥蜴、蛙、鱼、龟等真实之物。厄仁在世时，这种木板几乎家家有收藏。但是后来厄仁不幸染上了肺结核病，很快便去世了。他死后不久，由于宗教干涉，"朗戈朗戈"木板被无情地烧毁，几乎绝迹了。再加上战乱等原因，复活节岛上已找不到懂这种文字符号的人了。然而很多研究者都认为，"朗戈朗戈"文字符号，是一把揭开复活节岛古文明之谜的钥匙。100多年来世界许多学者为破译它倾注了毕生精力，但一直没有人能成功破译。

　　1915年，英国女士凯特琳率考古队登岛，听说岛上有位老人懂"朗戈朗戈"语，她立即去拜访。老人叫托棉尼卡，已重病垂危。他不仅能读木板文，而且还会写。并写了一页给凯特琳女士，符号果真与木板上的一模一样。但既让人遗憾又令人备感神秘的是，老人至死也不肯说出其中含义。托棉尼卡老人临死前写的到底是何意，今天仍然是个谜。法国教授缅特罗在20世纪30年代曾在复活节岛做过大量考古工作，他坚持"朗戈朗戈"文与巴拿马的印第安人、古那人有密切的关系。

泰堤岛的主教佐山很重视"朗戈朗戈",他认为这是在太平洋诸岛上所见到的第一种文字遗迹,其符号与古埃及文极为相似。从本质材料看,它源于小亚细亚半岛。从写法看,它属于南美安第斯山地区的左起一行右起一行的回转书写法系统。后来,有一位名叫棉托罗的青年从复活节岛来到泰堤岛,自称能识读神秘木板字符。他立即被大主教佐山召进府邸读唱了15天,主教在

△ 朗戈朗戈木板上的文字

旁急速记录符号,并用拉丁语批注,写出一本笔记。

1954年,一名叫巴代利的人种志学者在罗马僧团档案馆发现了一本油渍斑斑的旧练习簿,那就是当年的佐山主教的笔记。两年后,巴代利在一次国际会议上声称,他已破译了"朗戈朗戈"文字符号。木板上的文字叙述了南太平诸岛是种族战争、宗教杀人仪式的舞台。但是,当汉堡大学出版了巴代利冗长的著作之后,人们发现,巴氏对"朗戈朗戈"字符的诠释,只不过是棉托罗口述的翻版而已。

捷克人种志学者、文字鉴赏家洛乌柯物发现原始印度文与"朗戈朗戈"上的图案符号较为相像。匈牙利语言学家海维申对此作了对比分析,并在法国科学院作了一次令科学界震惊的报告。报告指出,两种文字符号中竟然有175个符号完全吻合。复活节岛文字存在于19世纪中叶,而印度河谷文字则早在公元前2500年成熟,相距大约4000多年,但看来这种吻合并非偶然。

奥地利考古学家盖利登确认，复活节岛古文字与古代中国的象形文字也颇为相像。1951年他又语出惊人，认为苏门答腊岛民装饰品上鸟的形象与"朗戈朗戈"上的很相像。

1956年以图尔·海尔达为首的挪威、美国考察团来到复活节岛，探知一名叫艾斯吉班的男子有一本祖父编写的复活节岛全部文字符号的书，并用拉丁语作了注释。但艾斯吉班不让图尔细阅，后来此书就再也没人见到了。

托棉尼卡老人死后40年，智利学者霍赫·西利瓦在老人的孩子彼得罗·帕杰家见到了一本老人传下来的"朗戈朗戈"文字典。霍赫征得同意把讲稿拍了照，但后来胶卷和讲稿却莫名其妙地不知去向。奇怪的是，凯特琳刚刚发表了自己的日记，便突然死去，考察到的材料未能发表便不翼而飞。唯一的一页手写文字符号能传到今天，也纯属偶然。

波利尼西亚学者希罗阿则提出一种看法，他认为木板上符号不是文字。持这种观点的学者也不止一人，19世纪在伦敦召开的一次人种志学会议上托马斯·盖克斯里则郑重声称："朗戈朗戈"符号不是文字，只是一种印在纺织品上的特殊印戳。

130年来人们对其有过探索、发现、希望、失望及轰动，但刻有鱼、星、鸟、龟等图案及符号的木头却始终保持沉默。目前世界收藏的木板只有20多块，分别保存在伦敦、柏林、维也纳、华盛顿、火奴鲁鲁、圣地亚哥、彼得堡的博物馆里。

1996年俄罗某博物馆出版了一本蓝册子，印数仅200册，小册子是作者30多年苦心研究的成果。据说这本小册子终于揭开了复活节岛"会说话的木头"之谜。作者20世纪40年代就迷上了"朗戈朗戈"文字。经过30多年研究复活节岛和整个太平洋的历史、风土人情、岛民的生活习惯和方式，以及其他波利尼西亚语言，最后得出"朗戈朗戈"符号实际上是一种字形画的结论。

作者是靠直觉和推理得出结论的。首先她弄清符号画的是什么，然后就深入思考，找出它所代表的意思，再寻找恰当的词语。她的公式是，直觉加上波利尼西亚语知识，加上对同义词和同义异音词的搜寻，最后又把结果放到另外的木板文中去检验，结果完全相符。于是她编出了字典，利用字典，她可以阅读任何一块木板文。实际上她已经阅读了现存20多块复活节岛木板文字符。

"朗戈朗戈"文的含义虽然有了一些突破，但它的起源依然没有找到，仍然是一个谜。

一般情况下，如果照相机正常，底片没有问题，又掌握了较为准确的曝光时间，包括人在内的所有景物，都会留下真实的影像。但是，在阿尔及利亚以东的提济乌祖省，却有一位妇女，照相从来没有留下过影像。已经70多岁的她，所有的证件上都没有贴照片，她自己以及亲属们的照片中，也没有她的任何留影。开始时，人们以为她不喜欢照相，所以没有照片。后来，她告诉人们，其实她照过很多相。虽然说每次给她拍照时，她都会昏厥过去，但是为了解决证件上照片的问题，也想为自己留下些有纪念意义的照片，她还是比较乐意照相的。但是，不知道为什么，她总是拿不到自己的照片。她去问摄影师，摄影师告诉她：底片上没有你的影像。

后来，阿尔及利亚的一些高级摄影师听到这个消息，便专门把她邀请到城里，拿出最好的相机，挑选最好的胶卷，分别在室内、室外、灯光下、日光下给她照了许多相。而且，为了郑重起见，还让她和别人合影。当这些技术高超的摄影师们满怀信心地在暗室里冲洗底片的时候，他们才发现这一切都是徒劳的。她的单人照片上没有留下任何影子，只留下一块黑迹。她与别人合影的底片，别人的影像清清楚楚，唯独没有她的影像，在她所站立的地方，留下的还是一块黑迹。

摄影师们茫然了。随之而来的科学家们也只能对此表示不可思议，只好等待科学技术去解开这个谜了。

人类无性繁殖之谜

　　几乎世界上所有民族的史前文化在解释人类的起源时，都说是神创造了人。那么，就有了一个纯技术的问题：人是可以被制造的吗？

　　创造与发明是现代人的拿手好戏。从60万年以前，那个想吃果子的原始人制造第一块石器开始，人类就步入了制造业的道路，这种方式使我们培育出了一代物质文明。随着科学技术的进步，人类制造的本领越来越高，我们不但可以制造那些没有生命的东西，像一张床，一部电话，一台机器，一辆汽车等，我们还可以在生命的基础上再造新的生命。

　　前不久，美国的研究者成功地从一只被包裹在琥珀中的蜜蜂身上使4000万年左右的细菌复活。1994年，某大学的生物研究者们从尚未完全石化的恐龙蛋化石中分离出了6000万年以前的恐龙基因片断，使人们真正看到了恐龙复活的希望。

　　我们不知道高科技给人们带来的是喜还是忧，也不知道随意改变自然规律是好还是坏。从哲学的意义上讲，每一种生物都有维护自己遗传基因，以本来面目出现在这个世界的权力，更有权力拒绝进入人类的实验室。但这个世界从它产生以来就不是公平的。

　　现在遗传工程已经发展到相当可怕的地步，有人不但要干涉植物和动物的生命过程，而且已经在打人的主意。苏联的科学家将一个人的受精卵，移入一只母猩猩的子宫内，让猩猩代人育儿。9个月以后，这只母猩猩顺利产下了一个人类婴儿，体重3600克。1987年，有报道说，新加坡遗传工程专家正在进行让母牛或母羊替人类怀胎的试验。据意大利佛罗伦萨遗传学教授，有一些人正在做另一项实验，将人类的精子与黑猩猩的卵子结合，然后培育出一种非猿非人的东西。他说："进行这样的试验，从技术上来说是毫无困难的。"试想，这个胎儿一旦出生，必定是一个半人半兽的怪物。难怪有些国家，甚至联合国都要下令限制遗传学的某些发展，他们担心什么呢？大约担心有一天，突然从遗传工程实验室里跑出一个比人还聪明，比猴子还敏捷，比大象还力大，比狼还凶残，既能在陆地上行走如飞，也能在水中自由来去，更能像鸟一样在空中飞舞的怪物，这绝不是吓唬人。

既然植物和动物可以被制造，那么人是否也可以被制造呢？

虽然有许多生物学家站在维护人类尊严的立场上否定制造人的可能，但从纯技术的角度来看，人也是可以被制造的。

如果以是否可以造人来衡量传说里的神，那么，人类马上就要成为神。要知道，人类的文明史不超过6000年，而在广大的宇宙之中，比我们历史长的生命是否存在呢？按道理他们是存在的，比如，现在天空中飞行的UFO的制造者，他们能穿行于漫长的宇宙星空，表现出目前我们尚无法企及的技术。那么，像制造我们人这种生物技术，对他们而言，就像是玩一样简单。

如果按我们对神话的解释，即我们先民崇拜的神就是来自于宇宙的高级生命。那么神话中造人的记载恐怕就不再是神话，而是某种真实的记录。请按照我们这个思路假设一下：

数万年前，地球正像神话中最早描绘的那样，是一个没有人类但勃勃生机的蓝色星球。陆地上长满了各种植物，丛林里自由自在生存着各种动物，鸟儿在空中飞翔，在枝头鸣叫，海洋生物在大海中嬉游，猿猴类灵长目动物安然自得地生儿育女。突然，来自某个宇宙空间的高级生命，驾着他们的宇宙飞船降落到这个有趣的行星上。出于某种目的，他们采用先进的遗传基因科学，从猿猴、狼及海洋生物身上提取出遗传基因，然后将这些基因进行分离、剪切、组合、拼接后创造出一个既具有海洋生物特点，又具有陆地生物特点的新物种，那便是人类。

在世界造人的神话里，还普遍存在无性生殖的思想。所谓无性生殖就是单性生殖，即精子和卵子不结合的生殖。

1902年，奥地利的生物学家曾预言：人类终究会有一天成功地实现无性生殖。20世纪60年代，英国某大学的生物学家，成功实现了非洲青蛙的无性生殖。据最近的有关报道，人体无性生殖的技术已经突破，从技术上讲，目前复制一个人已不再是幻想。美国就有一位大富翁要求"复制"一个自我，以补偿幼年的不幸。

1994年1月3日，美国《时代》周刊公布了刚刚评出的"1993年科学之最"项目，其中"克隆人胚胎"一项震惊了全世界。美国某大学的霍尔博士与教授合作共同研究人类遗传技术，他们在实验室里利用17个人类显微胚胎进行"克隆化"（即无性繁殖）实验，总共复制出48个新的人类胚胎。做父母的可以要求将这些胚胎冷藏起来，一旦他们的孩子发生不测，马上可以得到一个相貌、智力、性格等方面分毫不差的复制人。当1993年10月，美国《纽约时报》首次报道这一研究时，整个世界为之一震。法国总统看完这则报道后声称对此"颇感惊诧"。据《时代》周刊的调查显示，3/4的人反对类似的科学实验。

同样，复制人的技术现正引发科学界的极大争议，它涉及人类道德及有关社会管理方面的问题。不少科学家认为，复制人体技术不利于人类总进化。诺贝尔奖得主、遗传学家列德·波克也指出，人类的无性生殖技术不仅可能，而且会"将人类驱逐到进化道路上的混乱边沿"。

所有的学术性争议留给科学家、社会学家和法律学家去解决。我们需要考虑的问题是：无性生殖这一高科技思想怎么会出现在上古神话当中？如果我们将无性生殖这类神话，与女娲和伏羲用高科技造人的传说联系起来，不难发现神话内在的一致性和连贯性。它们反映了同一个内藏着的主题：神用高科技创造了人，无性生殖的遗传学成果只是造人过程当中的一个细节而已。因此，我们认为，上古神话中无性生殖的思想来自于人类被创造的记忆。

奇特的鸟岛之谜

在我国南海西沙群岛中，有一个面积不足1万平方公里的小岛，名叫东岛。它由珊瑚礁堆积而成，其上树丛茂密，葱翠欲滴，东南侧还有一个小小的淡水湖。优越的自然环境，吸引众多海鸟前来栖息，估计有6万只之多。每天早上，晨光曦微的时候，海鸟便叽叽喳喳地叫个不停，在巢边跳来跳去，为展翅长空作准备。待到日落时分，海面夕阳如丹，海鸟便三五成群地从四面八方飞回海岛。霎时间，所有的树上停满海鸟，整个岛屿成了鸟的王国，人们形象地称其为"鸟岛"。

鸟岛虽然没有招引游客的秀丽风光，却有着许多难解的奥秘。

其一，东岛是西沙群岛中唯一一个海鸟众多的岛屿，西沙群岛中的其他岛屿虽然也有海鸟，但数量远不如东岛。人们不禁要问，西沙群岛诸岛自然环境十分相似，为何东岛能够吸引如此众多的海鸟，其他岛屿却不能呢？目前，还无法解释这个问题。

其二，鸟岛上海鸟的数量虽多，种类却十分单一，绝大多数系鲣鸟；而其他岛屿上海鸟虽少，种类却较多，这是为什么呢？人们也无法解释。

其三，鲣鸟每次产卵1～2枚，孵化方式比较奇特。它不像一般鸟类那样用身体抱窝，借助体温给卵加温，而是用爪抱窝，用脚爪给卵加温。因为此时鸟爪血流量特别大，爪蹼膜肿胀，又厚又暖，保温效果极好。这是一种独特的孵化方式。为什么鲣鸟采取这种与众不同的孵化方式呢？眼下尚难以解释。

其四，根据西沙诸岛几乎都有一层厚厚的鸟粪层的事实，不难推测这些岛屿上过去都曾有过一段百鸟云集的盛况。用同位素14C测定鸟粪层的年龄，多在4000～5000年，从而又可推知百鸟云集的盛况发生在四五千年以前，初

△ 西沙东岛，鸟类的天堂

步估计，当时诸岛海鸟总数超过100万只。可是，为什么大多数岛屿上如今海鸟已基本上不再光顾，而唯独东岛却和往常一样继续成为海鸟的天下？这个问题，尽管科学家们进行了调查研究，却没有揭开其中的奥秘。

通古斯大爆炸与外星人有关吗

1908年6月30日凌晨，在俄国西伯利亚森林的通古斯河畔，突然爆发出一声巨响，巨大的蘑菇云腾空而起，天空出现了强烈的白光，气温瞬间灼热烤人，爆炸中心区草木烧焦，70公里外的人也被严重灼伤，还有人被巨大的声响震聋了耳朵。不仅附近居民惊恐万状，而且还危及其他国家。英国伦敦的许多电灯骤然熄灭，一片黑暗；欧洲许多国家的人们在夜空中看到了白昼般的闪光；甚至远在大洋彼岸的美国，人们也感觉到大地在抖动……

当时俄国的沙皇统治正处于风雨飘摇之中，无力对此组织调查。人们笼统地把这次爆炸称为"通古斯大爆炸"。十月革命后，苏维埃政权于1921年派物理学家库利克率领考察队前往通古斯地区考察。他们宣称，爆炸是一颗巨大的陨星造成的。他们却始终没有找到陨星坠落的深坑，也没有找到陨石，只发现了几十个平底浅坑。因此，"陨星说"只是当时的一种推测，缺乏证据。库利克又两次率队前往通古斯考察，并进行了空中勘测，发现爆炸所造成的破坏面积达20000多平方公里。同时，人们还发现了许多奇怪的现象，如爆炸中心的树木并未全部倒下，只是树叶被烧焦，爆炸地区的树木生长速度加快，其年轮宽度由0.4~2毫米增加到5毫米以上，爆炸地区的驯鹿都得了一种奇怪的皮肤病等。不久，二战爆发，库利克投笔从戎，在反法西斯战争中献出了宝贵的生命。苏联对通古斯大爆炸的考察，也被迫终止了。二战以后，苏联物理学家卡萨耶夫访问日本。1945年12月，他到达广岛，4个月前美国在这里投下了原子弹。看着广岛的废墟，卡萨耶夫顿然想起了通古斯，两者显然有着众多的相似之处：

爆炸中心受破坏，树木直立而没有倒下。

爆炸中人畜死亡，是核辐射烧伤造成的。

△ 通古斯大爆炸

爆炸产生的蘑菇云形相同，只是通古斯的要大得多。

特别是在通古斯拍到的那些枯树林立、枝干烧焦的照片，看上去与广岛上的情形十分相似。

因此，卡萨耶夫产生了一个大胆的想法，他认为通古斯大爆炸是一艘外星人驾驶的核动力宇宙飞船，在降落过程中发生故障而引起的一场核爆炸。

此论一出，立即在苏联科学界引起了强烈反应。支持者和反对者都不乏其人。苏联物理学家索罗托夫等人进一步推测该飞船来到这一地区是为了往贝加尔湖取得淡水。还有人指出，通古斯地区驯鹿所得的癞皮病与美国1945年在新墨西哥进行核测验后当地牛群因受到辐射引起的皮肤病十分相似。而通古斯地区树木生长加快，植物和昆虫出现遗传性变异等情况，也与美国在太平洋岛屿进行核试验后的情况相同。

20世纪五六十年代，苏联曾多次派出考察队前往通古斯地区考察，认为是核爆炸的人和坚持"陨星说"的人都声称，通过考察找到了对自己有利的证据，双方谁也说服不了谁。对于没有找到中心陨星坑的情况，有人认为坠落的是一颗彗星，因此只能产生尘爆，而无法造成中心陨星坑。

1973年，一些美国科学家对此提出了新见解，他们认为爆炸是宇宙黑洞造成的。某个小型黑洞运行在冰岛和纽芬兰之间的太平洋上空时，而引发了这场爆炸。但是关于黑洞的性质、特点，人们所知甚少。"小型黑洞"是否存在尚是疑问。因此，这种见解也还缺少足够的证据。直到今天，通古斯大爆炸之谜仍未解开。

建在地下的城市迷宫揭秘

　　土耳其卡帕多基亚的格尔里默谷地，看起来和月球表面很相似。这里的火山沉积物上矗立着奇形怪状的石堡。石堡是由火山熔岩硬化后，经风蚀雨浸而最终形成的。

　　早在公元8世纪和9世纪，这里的居民就开始开凿空石堡，将其改装成居室。人们甚至在凝灰岩体上凿出富丽堂皇的教堂，在其中供奉色彩绚丽的圣像。然而，卡帕多基亚真正引起轰动的发现埋藏在地下，那就是巨大的可居住成千上万人的地下城市。其中最著名的一座坐落于今天代林库尤村附近。通往地下城市的通道隐藏在村子各处的房屋下面。人们在这里一而再、再而三地碰到通风洞口，这些通风洞从地下深处一直延伸到地面。

　　整个地带布满了地道和房间，地下城市是一种立体建筑，分成许多层。代林库尤村的地下城市仅最上层的面积就有4平方公里，上面的5层空间加起来可容纳1万人。今天人们猜测，当时整个地区曾有30万人逃到地下躲藏起来。仅代林库尤的地下城市就有52口通气井和1.5万条小型地道，最深的通风井深达85米。地下城市的最下层建有蓄水池，用以储藏水源。

　　德米尔先生是地下迷宫——地下城市的发现者，这一发现纯属偶然。在代林库尤村，房子下面的地下室被用作冷藏室。有一天，德米尔在冷藏室偶然发现一个洞口，好奇心促使他向下挖掘。

　　迄今为止，人们在这一地区发现的地下城市不下36座。其中并不是所有的都像卡伊马克彻或代林库尤附近的地下城市那么大，但都称得上是城市。现在，人们已经绘制出这些城市的俯视图。熟悉这一地带的人认为，地下城市的数量远不止这些。现在所发现的地下城市相互间都通过地道连接在一起。连接卡伊马克彻和代林库尤的地道，足有10千米长。

△ 土耳其卡帕多基亚空石堡

　　不可思议的地下城市确确实实存在着，可谁是建造者呢？它们是什么时候建成的？用途又是什么？对此，人们有着不同的见解和推测。当然也有人举出具体的史实加以考证。史实之一是在基督教早期，这一新生宗教的信徒寻求避难并最终选中了这里。最早的一批大约在公元2世纪或3世纪，以后，一直延续到拜占庭时期，也就是阿拉伯军队围逼坚固的君士坦丁堡（即今伊斯坦布尔）的时候。当时基督教徒确实曾在这里避过难，然而他们并不是真正的建造者。地下城市在他们到来之前就已存在。地下城市到底是谁在何时修建的呢？推测如下：

　　有一点可以肯定，那就是这一带的地基是由凝灰岩构成的，因为附近就矗立着火山。只要有黑曜岩，即火石，地基就很容易被凿空，而火石在这一地区并不鲜见。就这样，也许花了仅仅一代人的时间，地基就被掏空了。地下城市大多是超过13层的立体建筑。在最低的一层，人们甚至发现了闪米特时代的器物。

　　闪米特人是一支古老的神权民族，大约在公元前1000年前，他们曾在这一地区生活过。其都城哈图沙离代林库尤大约有300千米。闪米特人曾一度占领了古老的皇城巴比伦。最初的时候，闪米特的国王被看成是神灵，地位大致相当于古埃及的法老。闪米特人原来没有姓名，只是到后来才有了姓名。他们经常戴高帽子来装扮自己，这种帽子今天称作"地精帽"。戴这种帽子的人，全世界范围内都能看到，可见其传统之深远。这是人类想以此模仿外星文明使者和肢体不成比例的硬大头颅，称得上一种爱美的表现。长期以来，对这种戴高帽的现象一直存在着许多曲解。其实，这在当时是一种世界范围内的时尚，并在一些地方，例如古埃及，通过雕塑和绘画被永久记录下来。

有人一直思考的一个问题是人类为什么要把自己隐藏起来？一个明显的原因是由于对敌人的恐惧。谁是敌人呢？

首先，假设地面上的敌人拥有军队，在地面上，他们肯定能看到耕种过的土地和空空如也的房屋。而地下城市建有厨房，炊烟将通过通气井冒出地面，而被敌人发觉。人们不能不知道，把呆在鼠洞般的地下城市里的人们饿死或者封死通气口憋死他们，都是轻而易举的事。所以，人们恐惧的不仅仅是地面上的敌人，他们在地下岩石中开凿避难之所，是因为他们害怕能飞行的敌人。这个猜想是否有道理呢？

当然有。闪米特人在他们的圣书《科布拉·纳克斯特》中就已描述过，所罗门大帝怎样利用一辆飞行器把这一地区搞得鸡犬不宁。不仅他本人，他的儿子，所有归顺他的人，也都曾乘坐过飞行器。阿拉伯历史学家曾描述过所罗门的飞行并大致介绍了他的部族。当时的人类对于飞行现象产生恐惧，我认为这是完全可以理解的。也许他们曾被剥削、奴役过，所以每当报警的呼喊"他们来了"响起来的时候，人们就纷纷逃进地下城市。这和我们今天挖筑的地下掩体防护自己的情形是一样的。

上述说法虽然只是一种猜测，但人们完全可以持这种看法。我们还掌握这样的事实，即有时候30万人曾一齐涌进地下城市。此外，还有大量有关飞行器的古代传说，详细地描述了古代的统治者们如何带着家眷在空中飞行。

有关地下城市建造的另一个疑问，是关于当时应用的技术。我们猜想，安纳托利亚的地下城市是用火石加工成的石锤开掘的。这种开掘方式虽然费力，但还是可行的。在下面举的例子中，火石就派不上用场了。

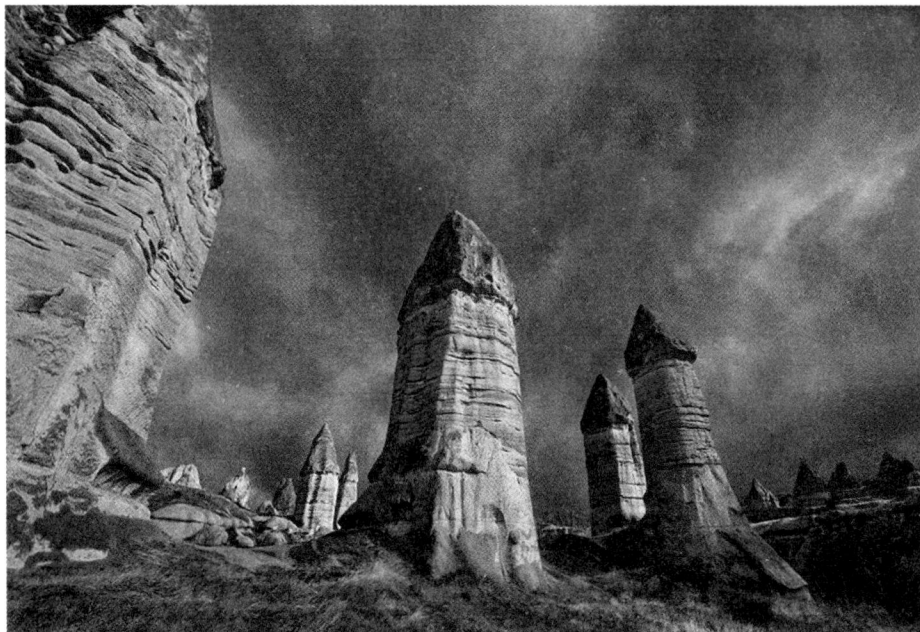

△ 土耳其卡帕多基亚地貌

埃及有一个地方叫阿布西尔，位于吉萨金字塔群50千米远的地方。这里从前也有3座金字塔，它们是古埃及历史上第五王朝时期建成的，也就是在法老胡夫时代的，大约4100年前。在阿布西尔，人们发现这里的闪长岩曾在远古时代被加工过。在这种比花岗石还硬的岩石壁上，钻了许多浑圆的钻孔。这是如何加工出来的呢？

人类在自身的各个历史阶段都应用过钻孔技术。早在新石器时代，人类就曾应用黑曜岩做成的石杵在花岗岩石块上打磨出孔洞。在骨头和岩壁上，人类同样进行过钻孔。阿布西尔的钻孔不是寻常的钻孔，而是包心钻孔。之所以叫包心钻孔，不是因为钻孔位于石块中央，而是因为钻孔钻成后，钻孔的中心形成一条香肠状的圆形石芯，砸开钻孔，就能取出完整的石芯。

钻孔时，钻头不是随随便便拿在手里就能钻进坚硬的闪长岩的。无论是石块还是工具，都要牢牢固定住。为了钻出一个像我们在阿布西尔见到的那种笔直的钻孔，还需要一些配套设备，用以引导钻头并施加压力。凭借手工是无法钻出这样笔直、均匀的钻孔。在孔洞里，人们甚至可以分辨出钻头旋转留下来的一毫米一毫米向深处推进的痕迹。这也证实了，钻孔不是后来用金刚砂磨制出来的。

很显然，钻孔并不是先用凿子凿出一段孔洞，然后将孔洞用打磨的方式加工出来的。钻头旋转的痕迹在孔壁和断裂处清晰可辨。

这一发现的含义是什么，人们从中能得出什么结论？

有人提出反对意见，认为阿布西尔的包心钻孔是现今人们的作品，可能是某些考古学家为了探测石块硬度而打的钻眼。

钻孔是否确实是这样形成的？如果真是这样的话，那么钻出一个钻眼就足够了，而阿布西尔的钻孔在散布各处的石块上都能发现。此外，那些石块的硬度，现在任何一个地理学家都知道，自己再去做钻孔实验也毫无必要。要特别指出的是，早在1000年前，弗德林斯·佩特里先生就对埃及第四王朝时期闪长岩上奇异的包心钻孔进行了描述，所以，现代钻孔实验之说并不成立。

古埃及的建筑师们肯定配备我们至今尚一无所知的加工工具。包心钻孔这样的加工技术并不是一夜之间能发明的，技术进步是一个渐进的过程。为了钻孔的进行，先发明钻机还远远不够，还需要其他合适的工具，例如金刚石钻头等。为了把金刚石钻头和钻机相连起来，还要发明合成材料。最后，还需要一台仪器对钻机进行精确指导。

很有趣的是，在我们所处的时代还有许多疑问没有答案。我们需要对那些长期悬而未决的问题进行重新思考。在阿布西尔，人们还发现，闪长岩上和花岗岩上的钻孔是不一样的。由此可以推断，不同种类的岩石，由于其抗拉力和抗压力的不同，决定了钻工们要选用相应的钻机进行加工。

以上这些，都需要一个长期积累经验和不断学习的过程才可能做得到。怎么能相信这是发生在4000年前的事呢？难道这是外星文明使者向古埃及人传授的？

冥街的未解之谜

　　冥街是有"诸神降临之城"之称的特奥蒂瓦坎最为神秘的地方之一。冥街因太阳神金字塔、月亮神金字塔、神秘洞穴、石制头骨遗址、死亡大街而闻名于世。据考证，冥街的设计建造完全遵循太阳系的模型，这一点让世人非常惊讶。难以想象在公元前1000年，特奥蒂瓦坎人怎么会有如此高超的智慧！

　　1974年在墨西哥召开的国际美洲人大会上，考古学家休·哈列斯顿提出了自己的报告。他的大胆推测和实验，得出了令人既感兴奋又无比震惊的结论。

　　通过努力探索，他找到一种适合于冥街所有建筑的测量单位，这种测量单位用玛雅名字命名为"胡那普"，也就是"单位"的意思，为1.59米。

　　哈列斯顿通过电子计算机测量发现，魁扎尔科亚特尔神金字塔、月亮神金字塔和太阳神金字塔分别高21、42、63个"单位"，比例为1：2：3。根据城堡周围的遗址，他还发现了水星、金星、地球和火星的平均轨道数据。城堡后面是特奥迪瓦坎建造者挖掘的运河，穿过冥街长达288个"单位"，奇怪的是，这正是火星和木星之间小行星带的距离，而且河中的石块同小行星数量惊人的吻合。

　　从冥街望到尽头，继续延伸就到了塞罗戈多山顶。那里有一座小神庙和一座塔的旧址，其周长为2880和3780个"单位"，据哈列斯顿的研究，这是海王星和冥王星的平均距离。

　　接着，更多惊人的相似点被哈列斯顿发现，一座无名神庙废墟距离城堡中轴线520个"单位"，相当于木星的位置，继续往前945个"单位"，又是一座神庙，代表了土星的位置，再走1845个"单位"到了尽头月亮神金字塔，是天王星的轨道数据。

如此看来，特奥迪瓦坎的冥街就是一个精致的太阳系模型，奇怪的是，不知为何太阳神金字塔不在其中，而是在冥街一侧。很有可能在冥街建造之初，设计者就已经了解了太阳系的结构。那么人类1781

△ 特奥蒂瓦坎古城

年发现天王星，1845年发现海王星，1930年发现冥王星这些科学发现岂不是晚了数千年？否则这些杰作只能想象为是外星人的所作所为。

在距太阳神金字塔不远处，考古学家们还发现了一个地窖，窖顶有一层石头，然后，是15厘米左右的云母层，再然后，又是石头，一层厚厚的云母层将许多房间隔离开，做这样的设计难道隐藏着什么秘密？当人们打开地窖的铁盖，云母会将阳光强烈的光束反射回来。云母是一种常见于高山地区花岗岩附近的水和铝钾化合物，它有很多独特之处，如耐800℃高温，可伸缩，抗拉性强，还能够抵抗很多生物腐烂后的有机酸，也是良好的电子绝缘体，云母片还可以轻易地翻开。但是，今天的墨西哥地区所需云母都要通过进口解决的，不知道阿兹特克时期的云母是从哪里来的？

地质学家推测这些特奥蒂瓦坎地下的云母是莫斯科云母，曾被称作"来自莫斯科的玻璃"。很多专家进行了猜测，有人提出云母可能是用来当作太阳能反射器。但是，屋顶的云母上下都是石头，所以，无法接受阳光，而且，厚度达15厘米。如果用作反射器，很薄的一层就足够了，这些云母实在太让人费解了！

揭秘小人国之谜

无论中外都有很多有关小人国的传说和童话，那么，当今世界上究竟有没有小矮人族呢？回答是肯定的。

世界上最矮小的人，称为俾格米人，他们是非洲土著，在非洲中部扎伊尔东北依多利地区生活，他们自称为"森林之子"。这个矮人部落，约有50000人口，平均身高1.4米。他们的肤色并非黑色，而是深棕色，头发垂直，不如一般黑人那样蜷曲。他们至今仍过着原始生活，喜性游牧，以采集蘑菇、坚果、莓子和捕捉野兽为生。尽管他们与外部世界已有几代人的接触，然而至今没有改变他们的生活方式。小矮人住在河边用树叶和树干构筑的圆顶小棚里。他们不分男女，都是赤身裸体，只在下身系着软树皮。

俾格米人懂得从蛇身上取毒，将毒液涂在箭头上射杀野兽。他们有火种，但习惯生食。他们虽然仍处在原始社会，但婚姻制度实行一夫一妻制。俾格米的女子脸上绘制花纹，唇刺穿一孔，插上一株芦苇或其他野草，颈上挂一串兽骨制成的珠链。

俾格米人将牙齿磨齐，使之锋利，有助于撕凿兽肉。

据学者们预测，由于俾格米人的死亡率高，如果他们的生活方式不转变，那么最终将面临绝种的威胁。

另外，在孟加拉湾东海上的安达曼群岛，也居住着一个古老奇特、与外界隔绝的矮小民族。200多年前，这个民族的人口共约10000多，目前只幸存500人左右。这些人的面部阔、鼻梁直、皮肤颜色像煤炭一样黑，或呈稍带微红的茶色，头发黑短而略蜷曲。他们身材矮小，成年男子一般身高为1.4米，最高者不超过1.6米，成年女子的身体更矮小。

从人种学方面来考察，关于这个民族的起源问题，学术界的看法不一，目前尚难加以定论。

据传说，大约3000多年前，这个民族的祖先从缅甸南部乘独木舟来到安达曼群岛上定居，世世代代繁衍生息在茫茫密林丛莽之中。由于他们长期过着与外界隔绝的孤独生活，因而古代历史学家对他们的真实情况一无所知，

△ 俾格米人

古代文献资料对他们毫无记载，只是在南亚次大陆东部民间口头上流传着有关他们的一些荒诞无稽的神话传说。直到近代欧洲探险者曼尔高·帕洛深入到安达曼群岛进行考察，报道了岛上土著居民的情况，欧洲人才开始知道安达曼群岛上存在着这样一个古老奇特的民族。

有些学者认为，这个民族起源于史前时期，是远古内格里托人的后裔。有些学者不同意上述论断，他们认为，这个民族起源于非洲撒哈拉沙漠以南的尼罗格人种（尼罗格人是种学上的名称，意思是黑色人种）。有些学者认为，这个民族与居住在非洲刚果和安哥拉密林中的俾格米人是同类人种，同属世界上最矮小人种。如果真是这样，在远古时代，他们是怎样从非常遥远的非洲来到亚洲的呢？这是令考古学家和人种学家们迷惑不解的一个谜。

以上种种看法是否真实可靠至今难以肯定，有待考古学家和人种学家们，今后继续深入探索和研究。

巨人族生存之谜

许多民族的远古神话中，都有过巨人的传说。他们身材高大魁梧，气力无穷，有力地统治着当时的世界。当文明的曙光初现之际，他们便销声匿迹了。

他们是真实的历史存在吗？

他们的后裔又在哪里呢？

希腊神话这样说：天神乌拉诺斯和地神该亚结合，生了12个身材高大的子女，被称为"泰坦诸神"。

"泰坦诸神"是希腊神话中的第一代"巨人"，他们不仅身体魁伟，力大无穷，而且天不怕，地不怕，富于反抗精神，这很令天神担心。天神怕他们联合起来夺取自己至高无上的权力和地位，便把他们幽禁在地底的深渊。

"巨人"的母亲该亚偏袒自己的儿女。在她的支持下，她的年龄最小的儿子克洛诺斯率领"泰坦诸神"起来造反，一举推翻了父亲的统治。

克洛诺斯成了诸神的首领，至高无上的第二代天神。

但他却老是愁眉苦脸，高兴不起来。为什么？他担心自己的儿子们长大以后，也学着自己的模样，反叛父亲。他想出的办法是，每生下一个儿子，就把他吞进自己的肚子里，这比他的父亲把他们幽禁在地下要牢靠得多。

他的妻子叫瑞亚，瑞亚偷偷地躲到克里特岛，在狄克泰山洞中生下了宙斯。然后用破布包起一块石头，把它当做新生孩子交给丈夫。克洛诺斯没仔细看，就一口把石头吞进了肚里。

渐渐长大的宙斯开始谋划反抗他的父亲。他用了一个计，让克洛诺斯服了一剂呕吐药，吐出了他所有的兄弟姊妹，然后带领他们向父亲宣战，打败了以克洛诺斯为首的"泰坦诸神"，成了天国里的第三代天神。

战败了的"泰坦诸神"不得不隐退到一座荒无人烟的海岛上，成了"巨人一族"的祖先。

……

在世界各个民族传说中，巨人几乎是不可缺少的重要角色。18世纪以后，随着人类学的研究发展，这类传说逐渐消失。然而一些关于巨人的考古发现，又不禁让人重新思考"巨人传说"是否仅仅是传说？

泰国一座岛屿上发现了"巨人"遗骸。而这座岛屿是泰国的旅游胜地，位于布吉岛与泰国本土之间，属于南部的喀比省。由于近年越来越多的人前往布吉岛度假，使不少向往宁静假期的人选择邻近布吉的这座小岛。2004年12月，此岛在印度洋大地震所引发的海啸中受到严重破坏。但一位环境保护工作者在进行印度洋海啸环境评估的过程中却意外地发现了巨人遗骸。这具真假难辨的远古巨人遗骸，散落在一个石灰岩山洞里，发现者认为是能量巨大的印度洋海啸把遗骸冲刷出来。在近几十年世界各地所发现野人的报告中，时常传出有关"巨人"存在的消息，令人将信将疑。岛上发现巨人遗骸的消息传出后，引起了"巨人存在说"的热潮。

在古希腊和古罗马的传说中，巨人族身材高大、力大无穷、性情暴躁，令人望而生畏。最著名的巨人是非利士族的巨人五兄弟之一——歌利亚。他能征善战，与以色列士兵征战不休，有关他的故事广为流传。巨人也曾出现在史前巨石柱群的神话中，它们可能是世界最著名的巨石建筑，这些庞大的直立巨石，最高的达9米，重50吨，它们已经竖立千年了。早期的英国人称此石柱为"巨人之舞"，并认为建造者是巨人。建造巨石柱群的人和方式至今仍然是个谜。

神话传说毕竟是虚构的，但是，在历史或地理发现中却令人惊讶地存在着大量实据。在美洲，有关巨人的消息经常出现。

古代西方的历史学家、地理学家大多相信巨人族的存在。地理大发现之前的各种地图中，都有一个标明由巨人居住的岛屿，名叫"塔普洛巴内"。而在地理大发现之后，又有很多人相信"塔普洛巴内"就在美洲。

最早报道美洲巨人的是葡萄牙探险家麦哲伦。他在环球航行途经美洲时，看到一群印第安人在岸上跳舞。麦哲伦描述说："他们身材高大，一个人的身高相当于8个正常人的身高。"

麦哲伦的描述肯定是夸大其词，但美洲的确有巨人的事实不断得到后来者的印证。一些早期在美洲活动的探险家、航海者、殖民者和教士，都曾经亲自接触并保存过美洲巨人的骨骼。

1519年，一个西班牙人在新西班牙特拉斯卡拉研究了一些巨人骨骼后说："看到那些巨骨，没有一个人不吃惊。"为了讨好王室，他曾把巨人骨和其他一些稀奇古怪的物品，献给西班牙国王查理五世。

1533年，一位教士在《墨西哥人绘图历史》中提到：美洲印第安人传说，在太阳神庙中居住着一种巨人，他们以虎为食，力大无穷，可以用手拔起大树。

1541年，门多萨总督在给圣多明各长官的报告中推测，墨西哥的巨人是南美洲巴塔哥尼亚人的后裔。

许多民俗历史学家、印第安人和土生白人都相信，身材特别高大的巨人是新西班牙的第一批居民。18世纪的一位教士更是明确地指出：有哈菲特血统的巨人航行到美洲，成了新西班牙的第一批居民。

为了寻找巨人居处之地，一支西班牙探险队在图桑以远的地方仔细搜索，从而发现了著名的科罗拉多大峡谷。

据殖民时代记载，在美洲的普埃布拉，人们为新建一座教堂挖掘地基时，竟挖出了一具完整的巨人骨骼。据1567年、1579年、1619年的见证，在新加利西亚地区也发现了不少这样的骨骼。其中一块头盖骨像炉灶一样大，在上面可以做玉米饼。

比较可靠的记载出自美国垂发洞。

美国内华达州垂发镇，生活着一些源龙特族的印第安人。据他们说，在很久很久以前，他们曾受到一些红发巨人的威胁。这些巨人身材高大，十分凶悍，他们的先辈同他们战斗了许多年，才把他们赶走。

这些传说并没有引起人们的注意。到1911年，一批工人到附近的一个名叫垂发洞的山洞里挖鸟粪，意外地发现了一具巨大的木乃伊，这个木乃伊身高2.2米，头发红色。第二年，加州伯克利大学和内华达州历史学会派人前去调查，由于山洞已遭到破坏，只找到了几件印第安人遗物。

十多年后，垂发洞一带发现了更多的巨型人类的骸骨，采矿工程师李德和其他人根据挖掘出来的股骨推算，巨人身高可达2～3米。

△ 泰国发现的巨人骸骨（照片真实性有代证实）

1986年12月25日，据《墨西哥太阳报》报道：墨西哥城东部发现了一个完整的巨人头颅骨，以及巨人使用过的石臼残片、简易床等遗物，颅骨高50多厘米，宽25厘米，牙齿是现代成人牙齿的2.5倍。据此，科学家们推算，这个巨人身高在3.5～5米之间。

19世纪末，一位学者在马来半岛探险，当地居民告诉他："丛林深处居住着巨人族。"这位学者非常好奇，径直深入到马来半岛腹地。他没有亲眼看到巨人，却发现了一些只有巨人才能使用的木棒。这木棒又粗又长，好几个人拿不起来。

1921年10月8日，沈阳出版的《盛京日报》报道：北京西城大明濠一带因改建公路而开凿暗渠。工人们在下冈40号居民家的墙根下挖出了8具巨人骨骸，身长都在八尺以上，头大如斗。人们推测，这里远古时期曾经生活着一支体型巨大的巨人族，西城地区则可能是他们的公共墓地。

20世纪初叶，苏联人类学家雅基莫夫博士等人，在爪哇、非洲东部和南部、蒙古、中国、印度等地，陆续发现了许多大型猿人的遗骨，他们认为，这就是巨人族的遗迹。根据遗骨推算，巨人体重都在500公斤以上。不过也有人认为，他们还不算是人类，只是类似人猿中的一种猿的遗骨。

1966年，印度生物学家在距离德里116公里处，发现了一具酷似人类的大型骨骼化石，骨骼身高4米，仅肋骨就长达1米。他们推断，在几千到100万年以前，巨人族确实在地球上存在过。

最为神奇的发现还是发生在南美洲。20世纪80年代初，一位巴西科学家在巴西北部罗赖马山的原始森林中探险。突然发现了一群巨人，这些人个个都身高2.5米以上，赤身裸体，满身是毛，正在向森林深处走去。

他惊喜交加，如获至宝，连忙拿出相机朝他们靠近，准备拍照。但是，他的行动惊动了巨人，巨人们一边吼叫，一边不约而同地朝他掷石块。一时间，森林里吼声震天，乱石如雨，充满了恐怖气氛，他无可奈何，只好做出退让的姿态，眼睁睁地看着他们向森林深处撤离。

他的发现在科学界引起了很大的震动，这似乎表明，巨人族不只在历史上存在过，而且依然存在于现实之中。

这个发现可靠吗？有些人表示怀疑。

不过，从世界各地发掘出来的许多巨型骨骼来看，一批超级巨人确曾广泛地在地球上生活过。他们到哪里去了，他们的后裔是否还存活在世界上，便成了人们普遍关心的有趣的话题。

有人认为，人类的发展没有固定的模式，它一定是经历了一个首先是多头并进，然后是繁复的选择和淘汰的过程。把人类的形成安排在一条单一的直线轨道上显然是不科学的。"巨人族"，还有传说中的"矮人族"等，都可能是"人类发展树"上的一个分支，同人类祖先在"辈分"上是"兄弟"。

"巨人族"因为躯体发育太快，身体的其他部分发育得不平衡、不协调，特别是头盖骨和大脑的发育程度，远远落后于躯体的发育，进化因此而停滞。时间淘汰了他们，最终，"人类发展树"上的这一个分支萎缩，悄无声息地退出了历史舞台。

但是，也有专家认为，"巨人族"并没有完全灭绝，只是由于现代人类发展太快，他们不得不逐渐缩小自己的活动范围，在人类的足迹尚未践踏的地方，比如说，莽莽的原始森林之中，皑皑的高原雪峰之上，广袤无垠的草原和荒漠之间，苟延残喘，过着与世隔绝的原始生活。

他们与人无争，主动地逃离人类，因此人类很难发现他们。

但他们仍然留下了蛛丝马迹。近百年来，世界各地不断有野人、雪人、大脚怪的报道，决非空穴来风，那就是他们存在和活动的踪迹。

也有专家认为，这些所谓的"巨人"其实就是巨猿。巨猿是生存于远古时期的一种体型巨大的猿类，能直立行走，在化石记录中，它属于大熊猫动物群，而大熊猫至今仍然生存在世界上，所以，巨猿的后裔也可能在地球的某个角落存在。

我国著名古生物学家就认为，巨人极有可能是巨猿的后代。有学者还补充说，美洲的巨型野人"沙斯夸支"（俗称"大脚怪"）也可能是巨猿的后代，因为它们不只是脚大，体型也很高大。

1969年，克里斯蒂亚·希尔弗的《巨人族的历史》出版，他在这部专著中大胆地假设：现代人类其实就是古代巨人的后裔，在人类漫长的进化过程中，巨人的发展方向得到有效的调整，身躯逐渐变得矮小，直到变成我们今天的样子。

这样说来，我们寻找巨人，岂不就是在寻找自己的祖先？

燕国人头墩的不解之谜

　　在河北省燕下都距易县县城东南约6公里处，是战国时（公元前475年～公元前221年）燕国都城之一，相传燕昭王筑黄金台招贤纳士，燕太子送荆轲去刺秦王，都发生在此。

　　经历了两千多年的风雨沧桑，燕下都早已不复当年的辉煌。但在考古人心目中，这里是一块不折不扣的风水宝地。遗址总面积为32平方公里，是我国现存一处较完整、文化遗存极为丰富的大型战国都城遗址。遗址内14个高大的夯土墩台颇为引人注目，但这究竟是什么却一直众说纷纭。直到20世纪六七十年代，先后有两个土墩台被挖开，发现里面均是人头骨，各有千余个，当时未做深入研究。

　　1996年，又有一个土墩台夯土脱落，显露出一颗颗头骨，据文物部门勘察，这一土墩台内共有人头面积300平方米，共计人头骨2000多个。经考古专家鉴定，这些人头骨原均为20至30岁的男性壮年，距今已有2300多年历史，应为战国时燕国所遗。

　　这些人头骨究竟从何而来？史无记载，研究者也莫衷一是。为了慎重起见，已开掘的两个墩台重新回填，仅留下一个不大的探方供保护性研究。在曾经挖掘的一个"人头墩"里，研究人员通过钻探，测出埋葬人头骨的面积为300平方米，有人头骨2000余个。而在开挖的50平方米面积内清理出的300多个人头骨上，部分人头骨有明显的砍杀痕迹，有的头骨上还插有青铜箭头。

　　如此众多的人头骨堆积在一起，却没有四肢身躯骨架，对其成因人们迷惑不解，这些人头骨属于20至30岁的男性青壮年。

　　有专家认为是公元前284年乐毅伐齐的"战果"，当时燕昭王派乐毅统率燕、赵、魏、韩、楚、秦六国联军征伐齐国，攻下齐国70余座城市。从战场

△ 如此众多的人头骨堆积在一起，却没有四肢身躯骨架

运回大批敌军首级，堆在京城郊外炫耀武功，然后土封夯实。据史书《战国策》记载，当年确有"论耳行赏"和"论头行赏"之说，这样的方式也有可能是用敌人的首级来显示燕国军事力量的强大。

也有专家说是公元前314年燕国"子之之乱"的受害者。根据文献记载，燕王哙曾有个破天荒的举动，他将王位禅让给了相国子之，遭到太子和部分官员的反对，燕国国内大乱，大将市被与太子平（后来的燕昭王）密谋攻打子之，这次内乱使燕国死伤几万人，后来有人将被砍杀的头颅埋在一起，因而成为今天发现的"人头墩"。

尽管存在着各种不同观点，但像这样大规模的带战争创伤的骷髅成批出土，在世界上极为罕见。

出于保护文物的目的，燕下都遗址的主动发掘目前被严格控制。但我们有理由相信，这个神秘而古老的王都终有一天会向世人撩开她神秘的面纱……

多次遭受雷击不死之人揭秘

他是美国阳山纳当亚公园的一名普通管理人，他也是最不寻常的人之一。为什么这样说呢？

当然这是因为在他身上发生过8次不寻常的事情。

第一次，是当他在一间宽大而空旷的屋里坐着时发生的。"我就是在这间房子里"，他说，"就是坐在这张椅子上。它一定是透过屋顶跑进来的，它把我、椅子及一切东西都打翻了。"

第二次，他坐在一条小河边，周围是一片草地，再过去便是公园。"我独自在这里散步，天啊！它正是由我的臀部跑进来，从我的大拇指跑出去。"

第三次，他坐在一块石头上钓鱼。"那该死的东西跟了上来击在我头上，我掉在小河里。"

第四次，他是在森林中散步。"我沿着这条小径走。蓦地，它从后面向我袭来，击在我的右肩上，使我倒在地上。"

第五次，他在自己的拖车旁边。这次，它在那里对他做出什么事呢？"它来的时候，我刚刚走出拖车，它击向我的肩膀，把我重重地打倒在地。"

第六次，"我正在路上驾着车，它透过窗门跑进来，击向我头部的右边，我因此失去知觉。"第七次和第八次，"我只是站着，它向我袭来。我像给什么东西提起，离开了地面。另一次，它把我右脚的鞋子也撞掉了！"

屡屡袭击这位公园管理人的是什么东西呢？一个巨人？还是一只熊？

"我是给雷电击了8次！"公园管理人说。

可能每一个人在听了他讲述的这个不可思议的故事之后，都会向他提出同样的问题，因此他会扼要地回答。这个问题是每一个人都想问的：遭到电击以后会有什么感觉？

"每一次都热得很厉害。"他答道。

恐怕每一个人都会因为触摸插头——或许是110伏，或许是220伏——使自己

△ 壮观的闪电

轻微震动，但如果给自然电轰击，"可能是数千倍的灼热"。

为什么自然电在需要击打一个地方的时候便会找寻他呢？对于这个问题，他无法给出合理解释。显然，目前科学也无法做出明确的解释。故他简单地说："或许在我的体内有吸引自然电的一种化学药品或金属吧？"

可能真是这样！

众所周知，要是遭到雷击，大多数人都会因此而严重受伤，甚至死亡。给电轰击八次！但他仍然活着。他曾经被要求拿出证明，以支持他的说法，他乐于这样做。事实上，当他把他的帽子和手表拿出来的时候，便把不少人脸上的疑云都扫光了。

那帽子没有什么特别。但当他把帽子轻轻地转过来的时候，便可以看见一个洞，洞边有刺孔，而刺孔的周围是一些被烧过的、给烟沾污的物质。"这是在第六次时发生的。"他说，"那闪电奔下来，击在我的头上，我的帽子给摔掉了。它延续至我的右方，并烧着了我的内衣裤。然后，它把我抬起来，右脚上的鞋被打掉了，并使我的袜子烧起来，我快给烧焦了！"

另外几次，他的内衣裤也同样给烧着了。使他稍微感到沮丧的是：那内衣裤给烧得太厉害了，无法用来作证物。然而，他有另一件物证，那就是他的手表。

说到他的手表，就要回到1942年，那是他首次给电击的时候。"我的手表放在我的口袋里，"他说道，"我在电话线下面走着。那次袭来的闪电在这个表的边缘烧出了一个洞，然后在另一边跑掉。"

他把手表举起，上面有几个洞，每个洞内外都布满了烟焦，它确实曾遭电击！罗伊摇动它，它发出微弱的"咔嗒"声。"这表值98美元，它给毁坏了！"他珍惜地看着那只手表，如看着一位饱受伤害的朋友。"这是一块漂亮的手表，一块很好的手表。"那手表不能再动了，但他却安然无恙。

还有另外一个奇迹，那是叫他无法解释的。他再次提到第六次电击。"我驾驶着一部政府的汽车，向前行驶着。我把每一个车窗的玻璃都降下约6英寸。闪电击向路右边的两棵树，又跳起来，透过车辆，击打在我头部的右边。随后它继续穿透车子，击毁路左边的另一棵树。这3棵树都给毁掉了，而我却还活着。"

当他说到这里的时候，人们可能会开玩笑，说他范脑袋里的某些东西比木头更厚。

他不知道自己身上究竟发生了什么事，并为此前思后想，但他始终不明白，为什么闪电老是跟在他的身边。

他已经确立了每当开始下雨后的标准工作程序。"如果闪电、打雷，而我又在家，我们——我和我的家人——便进入内堂，我让家人躲在起居室里，我则在饭厅里独坐。"

他这样做，是希望闪电在身边出现的时候，他的家人不会受到损伤。

闪电为什么总是跟着他？科学家目前也无法回答，只能等待进一步地研究了。

锁不住的人之谜

霍迪尼是个关不住的人。有一天，他到一家剧院，要求剧院经理同意他在这里表演逃脱术。经理讽刺挑衅地对他说："你先到伦敦警察厅去，如果你能从他们的手铐中逃出，我就让你在这里表演。"霍迪尼来到警察厅，费尽口舌说服了警长，他才被戴上手铐，锁在一根柱子上。

警长刚转身走了两步，就见霍迪尼手持脱出的手铐紧跟在自己身后，叫道："等等，我和你一块去。"英格兰所有的报纸都对此事做了报道，从此，霍迪尼名声大噪。一次，他带着手铐脚镣被关在华盛顿联邦监狱的一个牢笼里，27分钟后，他不但自己逃了出来，而且还将另一牢房中的18名犯人转移到了一间锁着的空牢房里

△ 哈里·霍迪尼，一个在美国魔术界响亮的名字，至今仍是逃生术表演的代名词，被誉为"现代魔术之父"。

去，霍迪尼震惊了美国。霍迪尼成名以后，经常对那些江湖术士装神弄鬼的骗人行径进行无情地揭露和抨击，人们对他及他的逃脱术就更加感到神秘莫测，那些江湖术士则把他看成是眼中钉。

1903年5月，霍迪尼在而立之年来到莫斯科。他拜访了莫斯科秘密警察头子莱伯托夫，再三请求莱伯托夫把自己关进狱中严加防范，然后看他如何巧

△ 哈里·霍迪尼在表演

妙逃脱。莱伯托夫同意将他关进自认为万无一失的"凯里特"试试。"凯里特"是专门用来押送要犯前往西伯利亚的特制囚笼。它的四周六面全用钢板制成，上面只有一个20平方厘米的密布钢条的小透气孔。锁门的钥匙在莫斯科，开门的钥匙却远在3200公里以外的西伯利亚监狱长手里。莱伯托夫拍着他那风也只能进而不能出的囚具，得意洋洋地对霍迪尼说："好吧，我接受你的挑战！但是，你要明白，你得在被运到西伯利亚后才能出来。"霍迪尼回答说："你等着瞧好戏吧！"警察对霍迪尼全身进行了彻底检查，发现没有隐藏任何器具后给他带上特制的手铐脚镣，然后把他塞进小小的囚笼，锁上了钢门。莱伯托夫命令把"凯里特"推到狱内的高墙旁边，便和警察目不转睛地盯着囚笼。在众目睽睽之下，28分钟后，霍迪尼满头大汗地从囚笼后面走了出来。

霍迪尼是如何从如此严密牢固的囚笼中逃脱出来的呢？是他真的具有隐身术，还是如一位记者所说他具有将自身非物质化后通过障碍物又将自身组合的能力？由于霍迪尼在53岁那一年，在还没来得及向世人公布这秘密时，就突遭暴徒袭击而死。因此，他逃脱术的奥秘，近百年来一直是个谜。

动物的 "占卜" 之谜

动物真的有超常感本能吗？它们真的能够预感危险，能作心灵感应吗？

在美国，有只两岁的英格兰血统牧羊犬博比，它的主人名叫布雷诺，家住美国俄勒冈州。1923年8月，布雷诺带着小狗博比从俄勒冈州去印第安纳州的一个小镇度假时，博比不幸走失了。从此博比开始了它神奇、惊险、而又极不平凡的超长旅程。博比最初弄不清楚俄勒冈州的方向，急得它到处乱窜，整天绕着圈跑，它大约跑了1600百公里的路却只走对了300公里。到了秋天，博比似乎渐渐地找对了方向，走上了回家的路线，它一路向西，经过伊利诺伊州和依阿华州一直往前走。回家的路上，博比吃尽了苦头，它有时能遇到好心人留它住宿，但是，有时也饿得抓松鼠和野兔吃，有几次还差点给逮野狗的人捉住。博比不停地往西走，渡过了好多条河流，其中包括流水湍急的密苏里河。到了寒冷的隆冬季节，它忍饥挨饿越过大雪的洛矶山脉。等到漫长的旅程快结束时，博比已瘦得皮包骨头，它脚下的肉趾因长途跋涉连趾骨都露了出来。到了1924年的2月，博比在奔跑了6个月之后，终于一瘸一拐地走进俄勒冈州西威顿郊外的一间破旧农舍，它深情地望着这间小屋，这是它小时候和主人住的地方。第二天一早，博比又拖着异常沉重的脚步，艰难地走到城里，走进它主人房间。当时布雷诺刚下夜班正在二楼睡觉，博比在走完了3000里长的旅程之后，用尽最后的力气一跃跳上床，亲切地去舔主人的脸。

对于博比这次艰难的3000里旅程，很多人觉得简直难以置信，为了进一步证实这次旅程，俄勒冈州的 "保护动物协会" 主席返回到博比走失的原地点，勘查了这条小狗所走过的所有路径，访问了沿途许许多多见过、喂过、收留它住宿、甚至捉过它的人。当这一切被证实后，博比成了美国历史上最受尊敬的狗英雄，得到许多奖章。它回家的路上所走过的城市还给它颁赠了荣誉钥匙，最荣耀的是这条小狗还得了一个金项圈。

当人们都赞扬博比的忠诚、勇敢、坚毅的同时，科学家却想到了一个不可思议的问题，博比在几千里外是如何找到路回家的？当初他的主人是开车走的公路，博比并没有沿着它主人往返的路线走，而它走的路与主人开车走过的路一直相距甚远。事实上，根据动物协会勘查的结果，博比所走过的几千里路是它从来没有走过、没有嗅过，也根本不熟悉的道路。

对博比这次旅程经历研究的结果使人们相信，这条小狗之所以能回家，是靠着一种特殊的能力和感觉觅路的，这种本领与已知的犬类感觉完全不同。有人认为：之为超常感。这个名词源于希腊文的第23个字母，用于代表自然界动物的超自然感官本能。它指的是有些动物能够以超自然的感觉感知周围的环境，或者与某人、某事，或与其他动物之间有着心灵的沟通。然而，这种沟通似乎是通过我们人类并不知道又无法解释的某些渠道进行的。

在意大利，有只名叫费都的小狗，它的主人去世后它非常伤心，以至为它的主人默默地守墓13年，不论别人怎么想把它弄走，它始终不肯离去。后来这条狗的忠诚被人们传为佳话，住在这个城里的居民很受感动，每天都有人前来墓地看望、陪伴着它，后来还颁赠给费都一枚勋章，以表彰它的忠贞不贰。

多少年来，在世界各国都发现了很多动物的超常感行为。例如，它们有的会跑到从来没去过的地方找到主人，有的能预感到即将来临的自然灾害，有的似乎还能预感到自己主人的不幸和死亡。

赖恩教授曾任美国杜克大学心灵实验室主任，在任职期间他主持多项工作，这些工作主要是研究动物有没有超常感的能力。1952年，赖恩教授亲自调查跟踪了一件引人深思的事例，美国加利福尼亚州安德森一所中学的校长伍茨有只名叫休格的小猫。有一年，伍茨和全家迁往俄克拉何马州的一个偏僻的农庄，因为小猫休格害怕坐汽车，就把它留给了邻居。14个月后，一只猫忽然从打开的窗子跳了进来，趴在了伍茨太太的肩膀上，伍茨太太回头一看印记特征，原来它的骸关节有极为罕见的畸形，查后知道这只猫的确是休格。后来，他们和邻居取得联系才知道，自从把它交给邻居，才三个星期之后就失踪了，令赖恩教授感兴趣的是，这只小猫究竟是怎么找到去伍茨家的路的？从加利福尼亚到任克拉荷马州之间的距离是2400公里，它怎么能够穿越那些非常崎岖险峻的山区？还有这只小猫从来没有来过俄克拉何马州，它是怎么知道它的主人住在这里呢？赖恩教授通过研究认为，动物不仅有着和它们亲密的人之间的特殊的感情联系，而且还有着一种人类难以想象的能力，那就是它们有着预见和预知的能力。

赖恩教授还勘查过有关鸽子的趣事，因为过去人们都知道鸽子有长途归还的习性，但没人听说过鸽子还有超常感追踪的本能。这个连名字都没有的鸽子，只是在脚上戴着个标识圈，上面写着167号。1940年，有个名叫珀金斯的小女孩，在西维吉尼亚州她自己家的后院看见了这只鸽子，就作为宠物收养了它。第二年冬天，珀金斯有一天夜里突然得病，家人急忙送她到200公里以外的一家医院去做手术，她的鸽子被留在家里。然而，这只鸽子给了她们全家意想不到的惊喜。手术后的珀金斯在医院疗养时，一个下着大雪的冬夜，珀金斯忽然听到窗外有翅膀扑打着玻璃的声音，她回头一看是只鸽子，就连忙让护士把窗子打开，鸽子飞了进来，鸽子脚上的标识圈证实了珀金斯的惊喜，果然是167号。

在德国有只名叫夏洛特的猎狗，它的主人有时出门没有告诉家里人什么时候回来，而可爱的夏洛特每次都有办法使主人回到家里能吃上一顿热饭。每当主人回到家里之前的4小时，夏洛特准能提醒预料不到的家人。它总是连跑带跳地走到花园的大门口，蹲在那里守候，这时不论周围发生任何事，谁都没有办法把它弄走，而家里的厨师一看到夏洛特在等候主人，就连忙动手准备饭菜了。

同样使人感到惊异的是，有些动物异常的行为似乎可以预示危险的来临，有人发现动物会以非常奇异反常的行为预示，诸如地震、雪崩、旋风、洪水以及火山爆发等自然灾害。

1976年唐山大地震之前的四五天，就有好多人发现家里鸡犬不宁，猪、狗乱叫，一向很怕见人的老鼠一反常态拼命地逃离房屋，往大街上乱窜，动物园里的动物也莫名其妙地横冲直撞。据有关报纸称，1999年8月在土耳其发生大地震之后，地震严重的灾区平时人人喊打的老鼠一下子身价百倍，很多惊恐不安的灾民之所以想在家里养一只老鼠的原因很简单，因为他们发现地震来临之前，老鼠总是先有异常的表现。

主人在大祸来临时，可能会影响动物的超自然感觉，反过来，也可能影响动物的主人。曾担任加拿大总理22年的麦肯齐·金就曾预感到他自己十分喜欢的爱犬帕特要大祸临头的遭遇。有一次，总理的手表突然掉在地上，时针和分针在4点20分停住了。这位总理说："我不是个通灵的人，不过我当时就知道，仿佛有个声音在告诉我说，帕特在24小时内就要死了。"第二天晚上，帕特爬到它主人的床上，躺在那里静静地死去了，时间恰好是4点20分。

动物的超常感，引起了世界各国的科学家越来越普遍的重视，并作了大量的科学研究。科学家们发现，某些动物确实具有一些非常奇特的感觉本能，并能以独特的方式利用人类具有的五种感觉本能，还有一些动物的某些感官功能是我们人类完全没有的。现在我们已经知道，蝙蝠在黑暗中飞翔靠的是回声定位法（声呐）来指引方向。蝙蝠能发出高频率的尖叫声，然后收听飞翔路线上各种物体反射回来的声波并以此来判断方位。响尾蛇和蝮蛇也具有一种奇异的官能，这两种蛇的鼻孔后面一点的地方有特殊的热源探测器，这种探测器极端敏感，能察觉到别的动物走过时所引起的微小的温度变化。而还有一些动物的超常感则是我们现在还没能完全了解到的。1965年，荷兰的动物行为学家延伯尔根在他的著作中写道："许多动物的非凡本能以特殊生理作用为基础，至今，我们还没有了解这些作用，因而，才把这些本能叫做'超感知觉'。"

动物世界有着许多不可知的领域，是一个充满神奇的奥秘的世界。即使今天的动物学家研究已经有了很大的发展，但是动物所具有许多奥妙我们始终还不能提供圆满的答案，动物的超常感本能就是其中之一。

真是"心有灵犀一点通"吗

　　世界上著名的逃脱专家侯蒂尼可以被关在一个上几道锁的铁箱里，放在冰窟窿之中后神奇般地脱险，而且无人知道其奥秘。但有一条，他在水中的箱子里时，如果在几分钟内没有出来，就会发生生命危险。有一次表演中几分钟过去了他还没有出来，观众们误认为侯蒂尼的这次表演注定失败了。但他的一位好友坚信他一定会从冰窟窿中爬上来，他绝不会死去。果然，被冻得半死的侯蒂尼艰难地爬了上来。他一苏醒过来，便告诉好友：铁箱子入水后，没想到顺水而下了，等他从铁箱子中出来，却找不到原来的冰窟窿了。在危难之中，他突然听见了母亲在呼唤他，于是他顺着母亲的声音又游到了原来的冰窟窿处才得以脱离危险。

　　令人不解的是，侯蒂尼的母亲当时住在另一个城市里，对侯蒂尼的举动是看不见的。而且更令人不可思议的是，当侯蒂尼脱险后向母亲打电话报喜时，有人告诉他说，他的母亲已在几小时之前离开了人间。那时，侯蒂尼的表演还没开始呢！是什么原因能使一个母亲在逝世前预测到儿子的大难临头呢？又是什么原因能使一个母亲在死后为儿子引导求生之路？但有一点是任何一个人都无法否定的事实：母亲的爱是最伟大的，最有力的！

　　这个事例实际上就是母子之间的心灵感应。

　　在100多年前，人类之间所蕴涵的心灵感应现象就已引起了科学家的注意。

　　1882年，美国芝加哥大学的物理学家洛斯冒天下之大不韪，创办了一个"神灵学研究会"，专门从事一些令人难以捉摸的"荒诞"事的研究。他的研究当时被学者们认为是蛊惑人心的巫术，而受到猛烈的围攻。

　　洛斯把他精心收集的一些事例，记录在《神灵学会会志》一书之中。

△ 双胞胎真的能心灵感应吗

有一次，洛斯把两名具有心灵感应的妇女迈尔丝和兰希琼，分别安排在相隔百公里之遥的两个城镇，使她们没有任何联系，然后让她们进行传感接收。迈尔丝在尉尔特市拍下一张纺织厂的外景照片并默记下来，用她的"心灵感应"把纺织厂的形象传给在苏格兰的兰希琼。

兰希琼从来没到过尉尔特，但在她接收了迈尔丝的"传感"之后说："那边有一瀑布，似人工所造，广而平，高约二三米。也可能是工厂排出的污水。还有栋房屋，旁边有一棵白杨树。"随手画出了一张草图，这张图与纺织厂外景相片相差不远，而她所说的景色，与相片中几乎完全一样。

另外还有一件事也说明人能传感。一位有传感能力的人在自己脑海中想到一本小说的一段情节：灯塔内有一个男人倒在地上，一个妇人正俯视他时，发现他已死亡。

另外一位心灵感应者在一间密室中，两个人互不相识，在密室中他接收到了前者的传感，并且说："我知道他在想什么，这是个恐怖的场面。在一个圆塔内，有一男一女，女的已看见男的死了。这是书中的情节，我曾经看过这本书。"当时在场的10多位学者都感到惊诧，他们要再作一次试验，以求这个测验的准确性。

传感者在默想：两个儿童在火车站台上奔跑着，欲登上将开动的火车。不久，密室中的接收者便对学者们说："这与火车站有关，两个孩子在人群中奔跑，我想与巴锡尔车站有关。"

完全正确！传感者正在巴锡尔，他想象中的车站是巴锡尔车站。

人的心灵感应就如古诗中所说："心有灵犀一点通。"而这种现象在双胞胎之间显得更强烈一些。

现今世界上每诞生96个婴儿，就有一对是双胞胎，每诞生400个婴儿，就有一对是同卵双胞胎。同卵双胞胎是同一个受精卵分裂发育而成，他们有着完全相同的基因，就是说，他们按照同样的基因图纸发育而成。他们绝大部分是同一性别，面容酷似，爱好、成就、行为方式也十分相似。

同卵双胞胎儿之间的信息感应现象至今令人难解。美国有对叫吉娜和吉尼的同卵双生女，姐姐吉娜有一次患阑尾炎，吉尼陪着姐姐去医院动手术。姐姐被抬进了手术室，妹妹在门口等候，约过了半个小时，吉尼感到肚子仿佛被刀割破了，她疼得脸色发白。与此同时，医生们正在给吉娜动手术，她在麻醉手术台上痛得大叫。在同一个时间里，在同一个部位，手术室内外的姐妹俩有着相同的反应。研究人员指出：同卵双生子还常常在相似的时刻和相似的部位患有相同的病。有一对从小分离的双生子，哥哥在城市里长大，弟弟在乡下长大。17岁的时候，哥哥的肺患了结核，乡下的弟弟也同样生了此病。

那么，同卵双胞胎为什么会有感应现象呢？信息是怎样在两个大脑之间传递的呢？双胞胎的同步生病现象又是怎么发生的呢？这些都是科学家们感兴趣且又正在探索的难题。

人死前会有预感吗

关于预感，超心理学者们是这样定义的：一个人通过梦境、幻觉、直觉等方式对未来事件的信息预先感知。未来发生的事件可能比人产生预感的时间要迟到几个小时、几天甚至几年。这段时空差距就构成了预感的无穷魅力，就得让人们为之思索、为之行动。这里先看几则关于人类预感的著名的经典事件。

之一：林肯预感到自己要死

美国已故的著名总统林肯在指挥并获得南北战争胜利后，于1865年4月4日遭到暗杀，这是世人皆知的史实，而林肯死前的3天就预感到自己要死，并且在自己最亲近人的集会上讲了自己的预感，这也是在美国家喻户晓的。

4月1日晚上，林肯做了一个噩梦，说是他走在白宫走廊上，听到许多人都在伤心地哭泣，他于是走出自己的房间，经过一间又一间，最后来到一个房间里，看见房间正中摆着一副担架，担架上有一具尸体，周围站满了泣不成声的人。他就问一个士兵谁死了，士兵回答说：总统被暗杀了！

林肯醒来把这件事告诉了太太，第二天又讲给亲近的人听，大家都十分不安。谁会想到过了一天后，林肯的预感变成了现实，他在一家剧院的包厢中看戏时真的遭到枪杀……

之二：梦中沉船的泰坦尼克号

震荡世界的美国大片《泰坦尼克号》再次向人们展示了80多年前的那场惊心动魄的冰海沉船情景，但是有谁知道，早在轮船首航前就有人预感船要沉没，并且放弃泰坦尼克号的首航票。

这人就是著名的实业家乔里奥昆纳。在泰坦尼克号起航前1周的伦敦实业家集会的俱乐部里，当乔里奥昆纳说放弃泰坦尼克号的首航船票后，立刻就有大群人围住了奥昆纳，想要得到他的退票。

有人不解地问："奥昆纳先生，要知道参加泰坦尼克号处女航的乘客很多，只有那些望门名士及其家属才能得到这种荣誉，你放弃实在太可惜了！"

奥昆纳先生吞吞吐吐半天才说出了实话："我做了一怪梦，梦中看见泰坦尼克号翻沉

△ 泰坦尼克号

了！"大家听了都十分好笑，泰坦尼克号当时在世界上是最大、最豪华的高级客船，总吨数43600吨，建有双层船底和16个密封舱室，被推认为是永不沉的客轮。奥昆纳相信自己的预感，最终也没再次申请买船票。

1912年4月10日中午，泰坦尼克号从南安普敦港出发驶往纽约城，没想到5天后的4月15日，在大西洋的纽芬兰岛海面因大雾迷失了方向，最后撞在冰山上，1513人葬身大海……

而奥昆纳先生一个让人讥笑的怪梦竟变成了现实，也救了他本人，你说这奇不奇怪。

用皮肤读书的人之谜

皮肤的视觉功能早在30多年前就为人所知。库列·索娃是世界上第一个被发现具有这种特殊功能的人。可是，当初在她开发这种功能的时候，她甚至连听都没有听说过人可以靠手指皮肤进行读书、辨色，更没有想到过，这种功能随后会用她的名字来命名。

库列·索娃于1960年参加文艺自修班学习，毕业后当了盲人协会戏剧小组的一名负责人。工作中，她看到盲人能用刺在纸上的盲文阅读，感到吃惊，她决心试一试。一开始，她用初年级的盲文字母进行练习。一天过去了，只模糊记住了两个盲文字母。但她不气馁，经过两个星期的刻苦努力，终于学会了阅读。然而，她并不满足，她不顾旁人的嘲讽，大胆闭眼试读普通人读的字母。起初，她只有一种粗略的感觉。但是经过半年的刻苦练习之后，她居然能够用手指阅读铅印的文章了。

1962年春，她患了急性扁桃腺炎，到医院做切除手术。有一天，同病房的女友们把她的眼睛蒙上了，递给她一本书，她用手摸着书页，马上读出了三行文字。女友们大为吃惊，医生自然也不相信，把她叫到办公室去，给了她一本书，书是放在枕套里。她把一只手伸进枕套，闭上眼睛，就用手指读完了整整一页她从来没见过的医学书，此事立即轰动了当地报界。

盛名之下，必有挑衅者。一次，有人用一条铺塞了棉花的黑布带把她的眼睛严严实实地蒙好，想要亲自试试她。她当时却说，这样蒙起来还更好，可以全神贯注于指尖，试验结果果然如她所言。怀疑者没有死心，又加了一条塞棉黑带，而且给她的一本《银屏》杂志还外加了一个密实的壳子以阻挡视线。怀疑者做得真绝，可库列·索娃更绝！她竟用脚指、手肘试读，并一举成功，在场者无不钦叹。后来应库列·索娃本人要求，人们在一页白纸上方的空中画了一个两位数字。这数字实际上只在纸上留下体温的痕迹。库列·索娃竟能一丝不差地读出这个数字。库列·索娃这样叙述："当我阅读时，摸到的如果是黑色，我的手指会有一种热感，如果是白色，则有一种冷感。"原来，皮肤"视觉"取决于颜色及温度。在自然光照条件下，皮肤对红色、橙色最敏感，对紫色、蓝色也不错，而对黄色、绿色及天蓝色最迟钝。总之，皮肤视觉对光谱两端的颜色（红、紫）最敏感。人体皮肤甚至对红外线、紫外线照射都会有反应。如果手掌被紫外线照射，那么指读的可能性就会增大。短频光波能够增加脉冲，从而加强特殊受光体的识别判断能力。相反，事先施与的若是暖色光照，那皮肤视觉得敏感度就会降低。

对于库列·索娃的皮肤视觉功能，也曾有人质疑，科学家进行过多次检验都证实库列·索娃在辨认物体时，绝对排除了视觉。

大自然的奥秘无穷无尽，库列·索娃的皮肤"视觉"仅是其中之一，它也远非自然界不可解释的唯一现象。

二战中可怕的巧合之谜

1941年11月22日，即日本进攻珍珠港16天之前，《纽约人》报为一个称作"死亡的加倍"的新的掷骰游戏刊登了两则广告。一则广告的标题是"注意、战争、警报"。在广告栏末尾写着"死亡的加倍"，再下是一个双头鹰纹章（其形式与德国的装饰纹章同）。另一则广告上有两个骰子，一黑一白，每个骰子都有三面能看得见。白骰子上的数字是12、24，黑骰子上的数字是0、5、7，骰子上方是标题：注意、战争、警报。

日本袭击珍珠港事件后，许多人猜测这两则广告是轴心国用来告诫它们的特工：12和7与发动攻击的日期有关（12月7日），5和0表示预定的攻击时间，24表示什么尚不清楚。这些猜测听起来十分可信，以致联邦调查局人员造访了广告的设计人罗吉尔·克雷格夫妇，但并未发现任何的蛛丝马迹。

"死亡的加倍"游戏是合法的。1941年纽约的几家商店都出售过这种游戏器具。美国政府对此事一直存有猜疑。直到1967年，曾为美国海军情报机构工作的拉迪斯拉斯·法拉格在他的《揭秘》一书的新闻发布会上揭露了此事，才使人们相信了游戏广告与"偷袭"无关。不久记者采访了罗吉尔·克雷格的遗孀。她说，广告和珍珠港事件毫无关系，"纯粹是一个巧合"。

无独有偶，二战中，类似这样的"巧合"还不止一次。1944年，盟军准备攻入欧洲，准备工作是在前所未有的保密情况下进行的。整个行动代号为"霸王"，行动的每一实施阶段又有代号，这些代号中最重要的是"尼普顿"——海军突击的代号，"奥马哈"和"犹他"是在法国的两个登陆点的代号，"马勒伯"是为进攻提供补给的人工港的代号。

在进攻开始前33天，这些代号就开始出现在伦敦《每日电讯》报的填字谜游戏栏内。6月2日，即进攻开始前仅4天，"霸王"的代号也出现在

△ 诺曼底登陆

该栏内。

　　为此，保安人员突袭了该报设在舰队街的办公室，他们确信是纳粹间谍在向外泄露消息。可是他们发现，编此字谜的人是一个名叫伦纳德·道的教师，他从事此工作已经20年了。最后，他终于使问他的人相信他是清白的，他什么罪也没有，一切都是巧合。

　　在我们的生活中也有许多类似的"巧合"，因为它们似乎都无关紧要，甚至会给人们带来意外的惊喜，所以大家通常不会太在意。然而，对于以上的"巧合"，我们就感觉实在是有点"后怕"了……难道这是一种神秘的力量在给人类开玩笑吗？还是人类自身具有一种不可知的灵敏感觉？我们期待着有一天能将这个谜团解开。

数千名士兵突然失踪之谜

自有人类以来，就有人失踪的现象。按照唯物主义及现代社会人们的普遍观点，认为某个人的失踪，往往和能使人灭顶的天灾以及刑事案件有关。然而，在世界历史上，由成百上千人组成的全副武装的整支军队突然失踪的事也不止一次发生过。

史载最早的一桩整支军队的神秘失踪，发生在1711年西班牙内战期间。一天晚上，一支4000多人的西班牙军队在比利牛斯山区扎营，计划第二天早晨在该处与另一支部队会合。但当前来会合的部队按时到达后，只见原扎营的军队点燃的灶火仍在燃烧，火炮和车辆均安然无恙，但这支军队的4000多人却全部失踪了。西班牙军队在该地区搜索了几个月，始终找不到半点线索。

最令人震惊的失踪案发生在20世纪初的土耳其。在第一次世界大战开始后的第二年，即1915年8月12日早晨，在土耳其的沙尔瓦湾地区，英国军队和土耳其军队进行了一次空前激烈的战斗。当时，该地区晴朗无云，视线清晰。激战后的下午，天空中突然出现了七八朵浅灰色的云朵，这些云朵离地面约150米，呈60°倾斜，不偏不倚地笼罩在土耳其军队占据的60号高地上。就在这些云朵的下面，另一团云弥漫在地面上。它呈长方形，长约240多米，高约65米，宽约60米，这是一团密度极高的云。

由数百人组成的英国皇家诺福克军团第五营慢慢朝土军占据的60号高地推进，他们毫不犹豫地走进云团里。约半小时后，这团停留在地面上的云突然腾空而起，并和天上的其他云朵会合，朝北移动。15分钟后，云朵便消失得无影无踪。令人吃惊的是，这数百人的英军竟也随之消失得无影无踪。

1953年11月25日，美军的两名飞行员驾驶着一架F-89式歼击机从密歇根

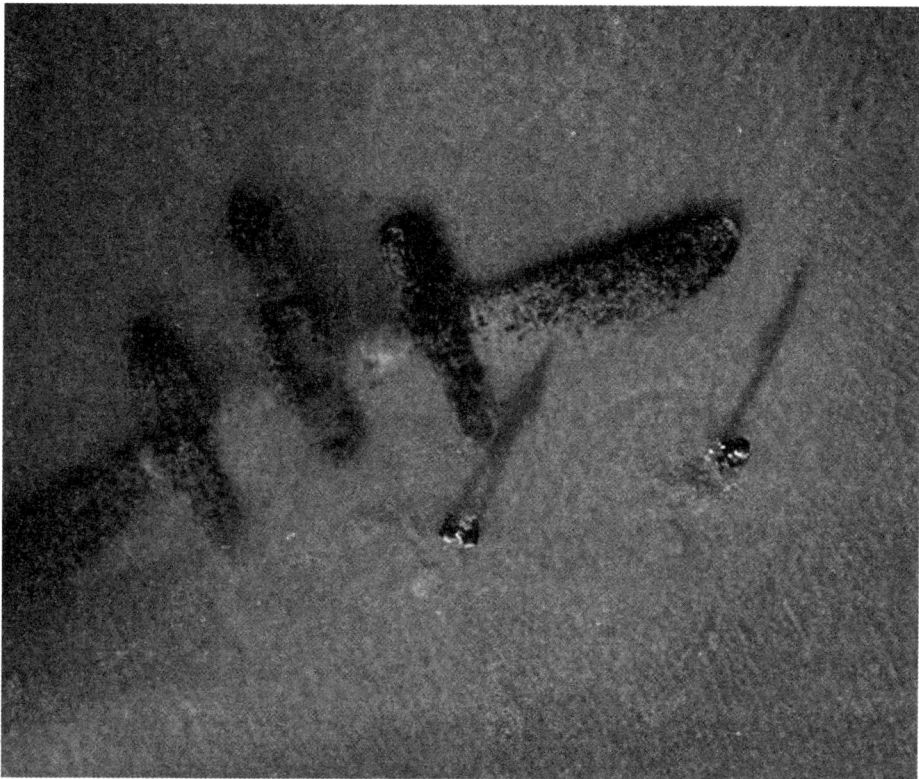

△ 二战时失踪的飞机

州金罗斯基地起飞。基地控制塔的雷达操纵员在屏幕上清晰地看到这架飞机穿过一片淡红色的云层之后，就永远消失在屏幕上。雷达操纵员肯定地向指挥官报告说并没有发生任何事故，也没有和其他的飞行物相碰撞，对于这一点，雷达操纵员是万分肯定的。但千真万确的是，这架F-89式歼击机与两名飞行员却不明不白地失踪了。

这些千奇百怪的失踪案，曾轰动了整个世界。尽管谁也未能解开其中之谜，但又是千真万确发生了，并非以讹传讹，那么这些无法解释的超自然现象只能有待于人类去进一步探索。

"踩在三叶虫上的足印"之谜

美国肯塔基州柏里学院地质系主任柏洛滋博士在1938年宣布，他在石炭纪砂岩中发现了10个类人动物的脚印。显微照片和红外线照片证明，这些脚印是人足压力自然造成，而非人工雕刻。据估计，有人足痕迹的这些岩石约有2.5亿年的历史。

这之前，有人在美国圣路易市密西西比河西岸的一块岩石上，曾发现过一对人类脚印。据地质学家判断，这块岩石约有2.7亿年的历史。

在美国犹他州羚羊泉的发现最为奇异。业余化石爱好者米斯特于1968年6月发现了几块三叶虫化石。他叙述说，当他用地质锤轻轻敲开一块石片时，石片"像书本一样打开，我吃惊地发现，其中一片上面有一个人的脚印，中央处踩着三叶虫。另一片上也显出几乎完整无缺的脚印形状，更令人奇怪的是，那几个人穿着便鞋！"

之后的1968年7月，著名地质学家伯狄克博士亲往羚羊泉考察，又发现了一个小孩的脚印。8月，盐湖城公立学校的一位教育工作者华特又在含有三叶虫化石的同一块岩石中发现了两个穿鞋子的人类足迹。

所有这些发现，经有关学者鉴定，均认为令人无法怀疑，是对传统地质学的严重挑战。犹他州大学地球科学博物馆馆长马迪生在记者招待会上说，那时候"地球上没有人类，也没有可以造成近似人类脚印的猴子、熊或大懒兽，那么，在连脊椎动物也未演化出来之前，有什么似人的动物会在这个星球上行走呢"？

三叶虫是细小的海洋无脊椎动物，与虾蟹同类。三叶虫生存于6亿年前至2.8亿年前期间，而人类出现的历史与之相比，可谓是白驹过隙。至于穿上像样的鞋子也不过3千多年，这一切，又该作何解释？

玛雅纪年柱之谜

玛雅文明是人类文明的一部分，它虽然随着岁月的流逝而消失在历史的长河之中，但由于考古发现，神秘的玛雅文明一直吸引着众多的爱好者。在已经发现的众多的玛雅文化遗址中，玛雅纪年柱是最富神秘色彩的遗址之一。

随着玛雅遗址的发现，众多的探险者在强烈的好奇心的驱使下越过沼泽，不远千里走向密林深处，寻找传说中的古代城堡。经过努力，他们终于找到了一些断垣残壁，还找到了一块高4米，宽1米的石碑。

通过考古发掘，学者们研究了陆续出土的大量石碑，发现了一些有趣的现象。现已发现的石碑有几百块，散布在各个城市遗址，数量之多、放置位置之重要都值得注意。其次，与其他民族遗留下的石碑内容不同，玛雅石碑不是以戒律、经文或对首领人物的颂辞为主，它具有自己的特色。石碑上有的刻有象形文字，有的是人物浮雕，还有的只是一些花纹。据分析，文字部分主要是些年代数字，以及纪事文字。第三，这些石碑非常高大，但雕刻精细，上色方法也很特别，这对采石、雕刻、树碑等工艺要求也很高，不知道当年玛雅人是如何完成数量如此之多的石碑雕刻工程，他们又为什么要花这么多的时间、精力在石上记录下他们的历史？

这不由得使人们联想到玛雅遗址上众多气势磅礴的石造宫殿、金字塔、庙坛、观星台。如今看去，大多已只剩下基座、残垣，要人们靠想象去修复它们原来的壮观和华美。但是，这种普遍的对石制建筑的热衷，从而希望还原玛雅古建筑的想法，似乎表达了一种对永恒的美好追求。

在这些石块堆中间，有许多观星台高耸入云，这是为了高过周围的大树，望见遥远的地平线，有许多祭坛和宫殿只是为了显示威仪和奢华。不

△ 玛雅太阳历

过，也有许多庙宇、石柱、金字塔充分体现了玛雅人祖先关于春分和秋分的知识，有许多石碑是为了记录社会大事之用。

　　考古学家推测，玛雅人最初是用木料或其他植物材料记录文字的。他们的根据是，目前发现的石碑中，年代最早的一块发现于乌瓦夏克吞。石碑背面刻有代表玛雅日期8、14、10、13、15的象形文字，据推算，日期表示的应是公元328年。玛雅人用石碑记事一般是20年1次，有时也有5年或10年1次，直到公元889年最后一块纪年碑为止，这一传统始终不变。但是，考古学家们发现，在最早的石碑上所记录的文字已经自成系统，发展得相当成熟，而且没有文字过渡时期的痕迹。从记录年代的数字符号体系来说，也已经发展成为一种完全形式化、精致的工具，没有发现尝试性的偏差和错误。总之，玛雅文字的发展以至于成熟似乎没有来得及经历初级阶段。

　　人类在暂时无力解答这样的问题时就不免产生了外星人传授文字的念

头，但这毕竟不能令所有人满意。于是，考古学家们推测玛雅文明的形成时期可追溯至公元前。所以其精美的历法、文字的发展，经历了一个没有留下记录的时期。在这个时期里充当记录材料的可能是木制的或其他容易销蚀的物品。当他们的天文学、数学知识达到可以组织一套复杂的历法体系以及他们的文字也逐渐定型之后，他们逐渐发现了更能保存下去的材料——石料。并且开始以极大热情留下尽可能高大的石块，尽可能深刻地雕琢。

玛雅人留下的书被西班牙人视之为"魔鬼之作"而加以焚烧，其结果就是关于玛雅文明的书籍现存的所剩无几。残留下来的少数书实际上只是些图谱，其中讲述了神话与王室的家史。所有能烧的都烧毁了，留下的只有这些沉默的石头。虽然，经过数百年的风吹日晒，尘土掩埋，雨水冲刷，这些镌刻在石头上、凝结在石头中的文字印证，依然属于玛雅文明的沃土。即使记录它的经书失落了，它们仍好像一首凝固的史诗。虽然，口传它的人民不在了，在故土上却依然留下了它浓重的一笔，让所有踏上这片土地的人感受到这个民族不朽的文化，仿佛古老的主人仍然存在，这些城市仍然存在。

许多游访者感慨这些石刻的人像，建筑的庞大，甚至怀疑它们非人力所为！五花八门，神乎其神的猜测愈传愈多，玛雅人在这种猜测中被抬高到介乎神人之间的位置。不过，只要人们走入这几百块持之以恒的石碑群，只要人们用心回到这些纪年纪事中所描绘的现实世界中来，我们就不难发现，这些石头所见证的历史，完全是人文的历史，完全是人类所能企及的智慧。

琥珀屋的去向之谜

1701年，腓特烈一世鲁道夫在柯尼斯堡自行加冕为普鲁士国王。为了模仿和超越法国皇帝路易十四的豪华奢侈生活，他打算用珍稀材料琥珀，在柏林郊外波茨坦的王宫里建造一间"琥珀屋"。著名的建筑师安·休鲁达和戈·德恩承担了这项重任。

经过8年的精心雕凿，"琥珀屋"于1709年建成。

这间用琥珀作材料建成的房子豪华、精美，总面积达55平方米。全室共有12块护壁银板和10个柱脚，并可以随意拼装成不同的形状。拼花墙与雕刻图案配合协调，浑然一体。琥珀上雕刻着许多优美的故事和传说。为了增加室内的光亮度，雕刻家还在琥珀薄片下衬垫上光艳夺目的金银箔，使整个室内闪烁着一种难以形容的迷人的光辉。

鲁道夫和他的大臣们看了，都赞不绝口。

当时，普鲁士王国一直对瑞典的不断扩张和侵略感到头痛。1709年，俄国的彼得大帝在玻尔塔瓦一战中，打败号称劲敌的瑞典军队。普鲁士国王高兴万分，便想和强大的俄罗斯结成同盟。

1716年，彼得大帝亲自率领大臣赴柏林访问，受到普鲁士王国的隆重接待。这时候，腓特烈一世已经去世，他的儿子腓特烈·威廉一世因热衷军务和厉行节约，素有"军人国王"和"乞丐国王"的雅号，为了向俄国表示友好，他决定将这座备受前国王珍爱的"琥珀屋"作为礼物赠给对方。

彼得大帝欣喜异常，他当即给在国内的皇后写信说："当我回国的时候，我将送你一件世上独一无二的珍宝。"这珍宝指的就是"琥珀屋"。

1717年，一艘专用舰载着"琥珀屋"，经过波罗的海，把这件珍贵的礼物运回彼得堡。

△ 金壁辉煌的琥珀屋

　　彼得大帝原想把"琥珀屋"安置在作为行宫的"小冬宫"里，但还没有来得及这样做，他就与世长辞了。"琥珀屋"也暂时地避开了人们的关注。

　　1751年，彼得大帝的女儿叶·彼得罗夫娜女皇决定对夏宫进行全面改建。在改建过程中，女皇突然想起了那座早已被人们忘却了的"琥珀屋"，就立即派人将它运到察里斯科。

　　为了使"琥珀屋"更加典雅、华美，她聘请了意大利著名雕刻家马尔特里主持改建工作。马尔特里带领着哥斯尼堡的5名工匠，以高超的拼花技艺，把这些琥珀艺术品布置成一个装饰华艳的宴会厅——叶卡捷琳娜宫。厅长11.5米，宽10.55米，高6米，有3扇宽大的窗户。马尔特里还把22面镜子光柱十分巧妙地镶嵌在宫墙与护墙板之间，并与浮雕边框融为一体。结果产生了特殊的观赏效果，使17世纪的巴洛克式与18世纪的洛可式的建筑风格，在这间宴会厅里十分协调地融合成为一个整体。在镶板与框架上还点缀了许多浅浮雕，微型半身塑像，以及德文大写花体字母与徽章，使它成了艺术档次更高的艺术珍品。

俄国十月革命胜利后，叶卡捷琳娜宫的大门向劳动人民敞开了。这间奇特的宫室受到了来自四面八方的观众赞赏，并给每一个观赏者留下了不可磨灭的印象。

但是，不久苏联卫国战争开始了，为了防止可能发生的灾难，博物馆的工作人员开始把"琥珀屋"内的中小型号雕刻品，转移到安全可靠的地点。由于战争发展异常迅猛，一些大型琥珀艺术品没来得及搬走。

到1941年夏，希特勒北方军团第18集团军占领了普希金城。坐落在普希金城的夏宫及叶卡捷琳娜琥珀宫室，被法西斯匪徒洗劫一空。

据有关消息报道，德国人对举世闻名的"琥珀屋"早已垂涎三尺。当普希金城陷落之际，德国的文物保护官格·佐尔姆斯与格·珀恩斯根博士立刻"光临"，对"琥珀屋"进行了真伪鉴定。鉴定后一致认为：这是货真价实的琥珀雕制的艺术珍品。于是，派出一批士兵将"琥珀屋"的全部装饰物精心拆卸，装进了22个箱笼。于1941年10月14日，神不知鬼不觉地运往哥尼斯堡。

1944年，苏联红军开始全线反击。到1945年春，苏军逼近哥尼斯堡，德军统帅部意识到无法挽回即将失败的命运，便下令将"琥珀屋"秘密地拆卸与转移，从此，"琥珀屋"便下落不明了。

1945年2月，苏军攻下哥尼斯堡后，由苏联科学家、建筑家、美术家、考古学家和将军组成的"琥珀屋"搜寻队，曾专程赶往哥尼斯堡，对这里的城堡、庄园、昔日贵族的住宅、地下室以及塔顶等等可能隐藏"琥珀屋"的场所，进行了仔细的搜寻，不只没有找到"琥珀屋"的踪影，甚至没有找到有关"琥珀屋"的任何线索。

这件稀世珍宝究竟到哪里去了呢？人们提出了多种推测。

一种看法是，"琥珀屋"已被毁坏。

"琥珀屋"运到哥尼斯堡博物馆后，由罗德博士任馆长并负责保护与研究"琥珀屋"。苏联有位叫库尔任科的妇女做过罗德的助手，她曾协助罗德把一批展品转移到施威林的庄园。据她说，罗德博士曾指着施威林伯爵一间大房子里的一大堆箱子说，哥尼斯堡博物馆的所有展品都在这些箱子里。而这些箱子在苏军快攻进城时，德国人放火烧毁了。据参与抢救的人们说："除了烧焦的木头和圣像之外，我们什么东西也没有找到。整个城堡已烧成一片灰烬。"

很可能，"琥珀屋"连同其他展品被烧掉了。但这位妇女并未亲眼见到箱子中有"琥珀屋"的材料，故"琥珀屋"是否装在木箱中仍是不得而知。

第二种说法是，"琥珀屋"已安全转移出哥尼斯堡，藏在一个隐秘的地下室里。

罗德博士负责了"琥珀屋"的转移工作，他把大批的博物馆展品转移到了施威林庄园，但是，其中却不包括"琥珀屋"。

罗德的儿子沃尔夫冈在苏军开始炮击守备哥尼斯堡的德军前沿阵地时，曾亲耳听到父亲对他说："琥珀屋已被转移到了安全的地方。"很显然，罗德是重要知情者。二战后，苏联搜寻队的人还找过罗德，罗德答应帮忙寻找。有一天，罗德把苏联的搜寻人员巴尔索夫教授带到一个入口被堵死的地下室旁，悄悄地说里面有博物馆的展品，但巴尔索夫只问了一句："有画吗？""没有。"谈话就此结束。

不久，人们听到了罗德暴死的消息。有人推测，那个地下室可能就藏有"琥珀屋"，罗德之死也许就是被"杀人灭口"。

第三种看法是，"琥珀屋"被转移到德国的中部地区，藏在图林根。

据东普鲁士纳粹头目埃里希·科赫供认，按照希特勒之命，1945年1月，"琥珀屋"即被运出哥尼斯堡，运往德国中部。据民主德国当局调查，1945年2月，德军先后把八批文物汇合在波茨坦，然后装上火车。据说其中第三批文物中装有"琥珀屋"，火车运往何地则不明了。据柏林艺术史家屈恩推测，"琥珀屋"可能运往德国中部，藏在图林根地区。按照这一线索，民主德国当局派许多人对图林根地区的苏尔察到波尔齐之间的所有深谷、山洞、古堡进行搜索，均未发现"琥珀屋"的踪迹。

第四种看法是，"琥珀屋"转运到伏尔普利豪森矿山的一口矿井里，但已被毁。

1977年，原伏尔普利豪森区纳粹头目施密特回忆说，1945年，一批来自哥尼斯堡的货物由火车运到伏尔普利豪森。这批货物有12只木箱，每只木箱长150厘米，宽80厘米，箱子用铅封口并扎着铁箍。是由施密特亲自提货，指派绝对可靠的党卫队卸货的。这批木箱后来存放在矿井深处的一条岔道里。此说如可信，也为时过晚。因为1945年9月底，不知何故，这些木箱突然被炸毁了。木箱中是否有"琥珀屋"也难以断定。

第五种看法，"琥珀屋"仍然藏在哥尼斯堡的某个地方。

因为1945年1月底，苏军早已切断哥尼斯堡对外的一切交通线，将其包围，根本不可能用火车、汽车成批地将"琥珀屋"转运出去，唯一的可能是就地隐藏。据说，1945年1～2月间，负责隐藏"琥珀屋"的党卫队突击大队长乔治·林格尔临终前，对他的儿子鲁道夫·林格尔说，"琥珀屋"部分琥珀藏品与部队档案都藏在斯泰因达姆的地下室里。但是，具体在什么地方却没有告诉其子。从老林格尔的笔记本中，发现了3条与"琥珀屋"转移有关的命令，即"中央帝国安全局"把转移"琥珀屋"命名为"绿色行动"，要求转移到指定地点后，按计划把入口伪装起来，并把附近建筑物夷为平地。后来，林格尔顺利地完成了任务。然而，当小林格尔受苏联邀请前往哥尼斯堡寻找"琥珀屋"时，并没有找到那间地下室。

搜寻"琥珀屋"的努力已经进行了半个多世纪，仍然是一无所获。但是，人们还在继续寻找：德国人在德国中部寻觅，波兰人在原东普鲁士地区寻找，原苏联人虽说有点泄气，于1983年撤销了搜寻"琥珀屋"的专门委员会，但是，也并没有放弃努力。特别是小林格尔提供的线索，使搜寻者似乎看到了一线"琥珀屋"的幻影。人们推测，"琥珀屋"可能仍在某个地下室里静静地沉睡着，等待着搜寻它的人们。

揭开无指纹人群之谜

　　世界上没有两个人的指纹是完全相同的，所以指纹被看成是识别身份最准确的方法之一。然而，令人惊讶的是，有的人却根本没有指纹，当他们的手指在干净光滑的玻璃上按下后，玻璃上一点痕迹也没有。是什么让他们没有指纹呢？以色列科学家已经揭开了这个秘密。

　　美国弗吉尼亚州的谢丽尔·梅纳德是一名航空服务员，这是一项非常好的职业，她十分满意自己的工作。可是，意想不到的是，她偏偏是个没有指纹的人，而且十个脚趾头也没有指纹，这不仅给她的生活带来不便，更为她的职业带来极大的挑战，因为她的职业要求她必须做"忠贞审查"，一个没有指纹的人是无法进行这方面的全面检查的。事实上，梅纳德不仅仅因为自己的职业而接受这种忠贞检查，在她整个一生中经常都做这种检查，因为她的父亲是一名高级军官，所以全家都必须经常被采指纹。可是梅纳德因为没有指纹，导致这种过程非常困难，也产生了其他一些问题。

　　有一次，她发现美国联邦航空局在检查她的背景资料时用了14周时间，而其他人则只花了2周。她说："我还申请过一份在监狱机构的工作，而只有那些天生长有指纹的人才能够成为雇员。这样的确是个问题。这延长了我获得工作的时间。"

　　其实，梅纳德并不是世上唯一一个没有指纹的人，像她这样的人数量非常少，他们的手指皮肤都是光光的，没有一丝纹路。台湾最近也发现了一个没有指纹的家庭，这家人姓黄，现在住台北，共有60人，他们的十指有一个共同的特征，就是平滑没有纹路，但在右手大拇指上，有三条平行的指纹。

　　另外，据《上海法治报》报道，2006年12月13日凌晨5时许，沈阳皇姑公安分局龙江派出所民警抓住了一名窃贼，据他本人供认，一年多的时间里，他先后在沈阳和平、沈河、大东、苏家屯等区攀爬阳台，入室盗窃上百起。当那名窃贼往材料上按手印时，龙江派出所的民警们惊讶地发现：这个窃贼的十指没有指纹，只有几个模糊的十字交叉白色花纹！事实上，被他"光顾"的人家曾有不少报了案，皆因现场没有留下可鉴别的指纹痕迹，使破案极为困难。

没有指纹对身体健康是否有危害呢？

有些科学家在观察中发现，有些人虽然没有指纹，但一点也不影响日常生活，他们在拿东西时，没有出现打滑的现象，触觉和常人一样敏感，手指的皮肤构造也与正常人没有什么不同。这些人没有遗传疾病，而且身体像常人一样健康。但也有一些科学家反驳说，没有指纹本身就是一种畸形，说明健康有问题，而且身体可能存在着更多的危险因素。

的确，当科学家进一步的研究发现，没有指纹的人，手掌和脚掌通常会增厚。他们的牙齿、毛发和皮肤的发育也会不规则，会出现色素不均衡等症状，比如他们的头发往往非常稀疏，指甲起皱易碎，皮肤上有斑点。更危险的是，这些问题还会抑制他们正常排汗的能力，梅纳德就不能排汗。

11岁的美国男孩儿卡莱勃·拉德利跟梅纳德有许多相似的特征，他解释说："我的皮肤很干，我没有汗腺，我的头发也几乎没有，也没有多少牙齿，这少许牙齿都是畸形的，更奇怪的是，我没有指纹。"但尽管他与梅纳德有许多症状相同，但事实上，拉德利跟梅纳德患的还不是一类病。

有人认为，患有这种病看起来对生命没有危险，但据医生说，这种病实际上却是极度危险的。人体无法排汗意味着任何一个热天或者剧烈的活动都会让他们中暑，这是很危险的。比如梅纳德，她就不能骑自行车太久，几分钟就得把头伸进水中降温，否则就会中暑，危及生命。她经常手握冰袋，而且几乎一年中的大多数时间都得使用空调，这样的痛苦几乎要陪伴她一辈子。

人为什么会没有指纹？

梅纳德的情况非常特殊，她天生患有网状色素性皮病，这是一种罕见的基因紊乱症，更令人不可思议的是，这种疾病属于基因遗传性疾病，而且只在家族的女性中遗传。这种病实在是太罕见了，以至于梅纳德家是现在知道的世界上唯一携带这种基因的家族。

另一种导致无指纹的疾病是纳尔格利综合征，患有这种病的人比患网状色素性皮病的人还多，世界上大部分的无指纹人都是因患纳尔格利综合征引起的。

为什么会发生这种情况？科学家解释说，我们手指和脚趾的纹络也就是指纹在胎儿11个星期时开始形成，但是，如果特别的基因变异，那么身体就永远也不会制造出形成指纹的信号，结果就造成了梅纳德家族的网状色素性皮病。

当然，类似基因紊乱的还有近百种，但都没有网状色素性皮病严重。这些基因缺陷又是由胚叶发育异常综合征引起的。其实，最根本的原因还不在这里。

以色列的研究人员成功揭开了人无指纹的秘密，研究小组发现，导致无指纹的两种综合征纳尔格利综合征和网状色素性皮病是由角蛋白14发生缺陷而引起的。这种缺陷导致身体给皮肤外层细胞做上了死亡的记号，结果，患有这种疾病的人就没有指纹了，而且他们也无法正常排汗，还会出现其他许多症状。

动物实验表明，经过治疗无指纹人有望长出牙齿、头发和汗腺。

目前，梅纳德的家人已经把组织样本送到了以色列医院的研究人员那里，希望找出发生这种基因突变的原因，并能进一步研究，寻找治疗方法。当然，这是一个漫长的过程，但梅纳德一家对未来充满信心，他们相信一定会找到干预治疗的方法。拉德利也在盼望会出现医学奇迹，治好他的病。

令人兴奋不已的是，瑞士一家公司在治疗胚叶发育异常综合征的研究方面已经取得了一些突破，他们已经研究出了一种基因治疗方法，目前在动物身上进行实验，可以纠正因拉德利遭受的那种综合征而引起的许多组织异常现象。该公司希望在两年内进行人体实验，成果实验成功，这种治疗方法就可以帮助那些患有胚叶发育异常综合征的人，让他们长出牙齿、头发和汗腺。对这些人来说，这无疑是个福音。

传说中的"长耳人"之谜

    复活节岛的神话和传说没有提到霍多·玛多阿来到之前的土著是什么样的，但岛上的毛阿依·卡瓦卡瓦小雕像却有可能使人们看到复活节岛的早期居民的容貌。毛阿依·卡瓦卡瓦是一种男性木头小雕像，只有30厘米高，雕像上的人身体消瘦，肋骨外突，腹部凹陷，长着长耳朵，留有一把山羊胡子。一些国家的博物馆中，至今还保存着这些用光滑坚硬、闪闪发光的托洛米洛木制成的小雕像。

    这些小雕像是由谁雕刻的，它又代表什么呢？人们对此争论不休。有人认为，它表现的是经过漫长而又艰难的海上航行后到达复活节岛的最早居民。但复活节岛人却加以反对，因为岛上的神话中说，第一批迁移者的身体都很健壮，而且又带着足够的食品。也有人认为，这些木雕像是些木头傀儡玩具和为死人雕刻的纪念像。雕像上的人物那消瘦的面容和颈部肿大的甲状腺，表明了他们患有内分泌失调的疾病，而鹰钩状的鼻子、张露的牙齿和异常的脊椎骨，又表明了他们曾受到了某种光线的强烈照射。

    除毛阿依·卡瓦卡瓦小雕像外，岛上还有其他许多小雕像。有一个身体消瘦的女性小雕像叫毛阿依·帕阿帕阿，它酷似男性小雕像，也长着一小撮山羊胡子。此外，还有长着两个头的小雕像——毛阿依·阿利思加以及人身鸟头的坦加塔·玛努人鸟像，还有鱼、鸟等许多动物的小雕像。这些独特的木雕像几乎岛上每个居民家中都有。很明显，它们是受到人们崇拜的偶像。第一个来到复活节岛的西方传教士埃仁·埃依洛说："有时我们看到他们把小雕像举到空中，做出各种手势，同时边跳舞边唱着一些毫无意义的歌。我认为，他们并不了解这样做的真正含义，他们只不过是在机械地重复他们从父辈那儿看到的一切而已。如果你去问他们，他们这样做是为了什么，他们

△ 复活节岛长耳人雕像

会告诉你说，这是他们的习惯。"

　　我们从大雕像上可以看到，岛上的早期居民有着一对长长的大耳朵。岛上的许多传说都讲到了"长耳人"哈纳乌·耶耶彼和"短耳人"哈纳乌·莫莫科。讲到了"长耳人"雕刻巨大的阿胡、石像，"长耳人"和"短耳人"之间的战争，以及"长耳人"在壕沟中死去的情景。海尔达尔于本世纪中期曾在岛上看到过头领彼德洛·阿坦的肤色同欧洲人完全一样，他就是唯一一个幸免于难的"长耳人"后裔。

　　那么"长耳人"又是什么时候来到复活节岛上的呢？传说中对此说法不一。

　　有人说他们比霍多·玛多阿来的早，有人说他们是一起来的，还有人说他们比霍多·玛多阿来的晚。但不管怎样，是他们雕出了石像和阿胡。

　　一位研究者曾有幸亲眼目睹了科学家同复活节岛人为此而进行的一场激

烈的争论。

对复活节岛的往事很了解的著名旅行家基利莫齐断言，新的"长耳人"是同霍多·玛多阿一起来的。但是，另外的人却反对，说他们不是同霍多·玛多阿一起来的，而是稍后同一位名叫图乌科·依霍的首领一起来的。当时，在场的一个复活节岛妇女却对这位研究者说："不要相信他们，他们什么也不懂！"

那么，"长耳人"又是谁呢？

复活节岛人向来就有把耳朵拉长的习惯。

罗格文海军上将的同行者别列恩斯特看到，"某些岛民的耳垂一直拖到肩部，还有的人耳垂上挂着特别的耳饰——白色的圆饼形耳饰"。

与复活节岛相距数千公里的美拉尼西亚人也有这种习俗，南美印加人的神也有长耳垂，马克萨斯群岛古代居民的耳朵也很长。

这种把耳垂拉长的习惯又是从哪儿来的呢？

印度迈索尔有一座30米高的花岗岩石雕像——戈麦捷什瓦拉。它于公元938年完工，比复活节岛的最大雕像还要大，其耳垂一直拖到肩上，是一位名副其实的"长耳人"。

印度南部著名的水彩壁画和马哈巴利普拉罗庙宇的壁画以及浮雕上的所有物，也都是些"长耳人"，长长的大耳朵上还悬挂着各种耳饰。

在印度，长耳是佛的特征之一。所有的菩萨塑像都有着长长的耳朵，而且，诸神也是些"长耳人"。在离孟买不远的象岛上，有一座洞穴庙宇，印度的三大圣人——波罗吸摩、毗瑟奴和湿，也都有长长的耳朵。大量的化身、佛教中的导师、圣徒和教会中的人物，甚至连凶神恶煞的人物也都有着长耳朵。

东南亚各部族也有把耳垂拉长的习惯。很可能，波利尼西亚和复活节岛的祖先就是从印度那儿迁居来的。但是，这也仅仅是一个大胆的假设而已。

"植物超人"之谜

有人把《红楼梦》誉为一部综合性的"百科全书"，实在是很贴切的。书中第九十四回，写了发生在大观园内的一件怪事：怡红院中，那些本该在3月开花的海棠树，在花木凋零的11月，却突然开满了鲜花。

这一怪现象几乎轰动了整个大观园，面对盛开的海棠，众说纷纭。有人说，恰逢季节迟了些，虽是11月，暖和得很，温度是催发开花的主要原因。有人说，贾宝玉在认真读书了，这海棠莫不是报喜的？尽管是瞎猜，因为说的是恭维话，倒也让人心里满意。聪明过人的探春不言不语，心里却想："必非好兆，大凡顺者昌，逆者亡；草木知运，不时而发，必是妖孽。"大观园内还有一位聪明人凤姐，她抱病卧床不能前来凑热闹，但是，却暗地使人送来红绸两匹，让给海棠披挂上，以冲冲邪气。

艺术作品中的细节描写是为主题服务的，海棠花开得不合时宜之后不久，主人翁贾宝玉无由地丢失了"命根子"——"通灵宝玉"。大观园乃至整个封建家族开始走向衰落。

现实生活中，植物是不是真的具有这种能预测的"天灾人祸"的超能力呢？如果有的话，它又是如何获得这不同寻常的能力的呢？

让我们轻轻地揭开"先知"的面纱，看看能否看清它的"庐山真面目"。

植物究竟具不具备预知"天灾人祸"的能力呢？虽说预知"人祸"的超能力大多在文学作品中才能看到，现实中却不多见，但植物预知"天灾"的本领却常见于报端。有相当多科学家面对这一有趣的问题，进行了大量的观察和研究。

有人发现含羞草能预知地震的发生。含羞草的叶子排列整齐、对称，轻轻触动一下它的叶尖，整个叶子都迅速合起来，真像低眉顺目、含羞自持的少女一般。通常情况下，含羞草的叶片是白天打开，夜晚闭合。日出前30分钟舒展枝叶，日落30分钟后，枝叶收拢，非常规律。假如一反常规：白天闭合，夜晚舒展，则表示大自然将发生变异，这种变异很可能是地震发生的前兆。有人观察到，如果周围60公里的范围内将发生大地震时，约40分钟前，含羞草会发生行为改变，会在白天将叶子闭合起来。

含羞草不仅能预知地震、台风、低气压的逼近、雷雨的袭击、火山爆发等等，它都会发生变化。

自然界中一些树木也有这样奇异的超能力。1976年唐山发生7.8级大地震，在地震来临之前，蓟县穿芳峪一个地方的柳树，在枝条前部20厘米处，出现枝枯叶黄的现象。人们发现，当树木出现重花（二次开花）重果（结二次果）或者突然枯萎死亡等异常情况，那么很可能是地震将要发生了。

科学家们观察到，地震发生前，许多植物的生物电位会发生变化。1983年5月26日，日本秋田发生了7.6级地震。震前20小时左右，日本观测点上的合欢树生物电位开始激烈地上下波动，震前10小时，又平静下来，震前6小时，再次异常，地震之后，异常消失。除了合欢树以外，还有一些植物能产生与合欢树一样的生物电位变化，像桑树、女贞、凤凰木、漆树等。

印度尼西亚的爪哇岛上，有一种植物，人们称它为"地震花"，可能是属于樱花草一类的植物。它们生长在火山坡上，火山爆发之前，便会开花。岛上的居民把这种植物当作观测装置，只要发现它开花了，马上就要作出应急准备，采取应付火山爆发的措施。

还有一些可以预报天气变化的植物，干旱、大雨、阴天、晴天都可以预报。

广西忻城县马泗，有一棵150岁的青岗树，人们可以根据它叶子的颜色变化获知天气情况。一般在晴天，树叶呈深绿色，天将下雨，树叶变成红色，雨后转晴，树叶又变成深绿色。

一种叫做蒂踏花的植物，如果盛开，则第二天准是大晴天。如果花显得"没精打采"，那么第二天很可能是坏天气。

还有人观察到，如果玉米根长得结实，南瓜藤长得特别多，榧树叶特别茂盛，那么，这一年很可能有台风来袭。

关于植物能预测天气、环境异常变化的例子很多。有的是在一定条件下发生的，离开这一条件，可能就发生不了。有的虽然出现了异常变化，但导致变化的原因或许是多种多样的。这是一个相当复杂的事情，就拿重花重果为例，有时气候变化以及病虫害的侵蚀，同样会产生重花重果现象。所以，在作判断的时候，还要运用分析方法，借鉴其他方面的观测依据，不能仅凭某一现象的出现就下结论。

正因为存在着复杂性，更给科学研究带来了一系列待解之谜，一旦把植物预知大灾难的超能力之谜揭开，那么将在人与自然的斗争中树立起一座划时代的里程碑！

随着工业化程度的提高，世界都不同程度地面临一个重要而严峻的问题——环境保护。大量的废气排放于大气中，大量的污水涌入江河湖海里，人类给自己营造了一个看不见的敌对阵营。环境污染问题引起了世界各国政府的重视，每年花于治理的费用惊人，更不用说投入大量的人力、物力了。

在动用大量资金治理"三废"带来的恶果时，人们还利用各种手段进行监测，把一些指标控制在最低限度之下，以防陷入旧问题未根除、新问题又产生的恶性循环中。

科学技术的发展，为环境监测提供了有效手段。科学家们发现，这些为人类造福的手段中，也包括了植物。

植物具有监测环境的超能力，是大气污染的报警器。

植物既无仪表，又无警笛，何以成为环境监测的工具呢？

其实，在某些特定的情况下，植物的监测能力比人造的器械还要灵敏呢！

据说在南京一家工厂附近种植了很多雪松。雪松树姿优美，常年碧绿，深受人们喜爱。一年春天，正当雪松要萌发新梢的时候，它却发黄、枯焦。这是怎么回事呢？谁是"谋害"雪松的"凶手"？后来查明，让雪松受害的是两种有害气体：二氧化硫和氟化氢。刚好，附近工厂里常常会放出这两种气体，雪松对它们特别敏感。后来，人们只要看见雪松"犯病"了，一对号，发现是同一种"症状"，就知道在它周围的大气中含有超量的二氧化硫或氟化氢。

敏感植物对于二氧化硫的反应非常灵敏，它们在二氧化硫的浓度只有百万分之0.3时，就能产生反应。而人只有当二氧化硫的浓度高达百万分之1～5时，才能闻出气味，百万分之10～20时才会引起咳嗽和流泪。

具有监测大气污染能力的植物种类相当多，它们组成了一支保护人类健康的卫兵队伍。如花苜蓿、胡萝卜、菠菜可以监测二氧化硫的污染，菖兰、郁金香、杏、梅、葡萄可以监测氟的污染，苹果、桃、玉米、洋葱可以监测氯的污染等。

例如菖兰，它就是很有效的氟污染报警器。菖兰对于氟的敏感浓度是百万分之0.005，也就是说，空气中只要含有这么一丁点儿氟，它的叶片边缘和尖端就会出现淡棕黄色的带状伤斑，而且受害组织与正常组织之间有一条明显的界线。人对百万分之0.005的氟是没有什么反应的，只有当浓度在百万分之8时才有反应开始对人有防范氟气体进一步扩散的措施，还是来得及的。

由此可见，植物对于有害气体的预报，往往采取一种富于牺牲精神的表达方式。它不会拉警笛，更不知道亮红灯，而是以自己的枝叶伤势做出无声的呼吁，呼吁人们警惕来自身边的毒害，呼吁人们赶紧采取措施，否则，人也会同它们一样伤痕累累。

不同的植物对于不同的气体污染，所产生的反应也是不一样。虽然多数是从叶片发生"症状"开始，但"症状"的形态、位置却大不一样。有经验的科研工作者，只要根据植物叶片伤斑的位置、形状，就可以大致知道引起污染的来源是什么，程度如何。由于它们的灵敏度很强，很有典型意义，一旦发现，便给环境保护提供了极好的依据。

谁都知道，植物是容易着火的。几千年来，从钻木取火延续到今天，柴薪做饭取暖是人们日常生活的重要组成部分。尽管现在许多城市已经使用液化气、电作为生活能源，但还有一大部分离不开柴薪。

在与柴薪打了几千年的交道之后，人们知道了哪些植物容易着火。于是，这些植物常常用作引火，像松枝、柳杉等含树脂多的植物，自然比含水分多的植物容易产生火焰。如果单从取火的用途来选择植物，有经验的人会避开那些燃烧时不容易产生火焰的植物。

实际上，燃烧时不易产生火焰的植物，就是可以防火的。像常绿树珊瑚树、女贞、冬青等，阔叶树银杏、白杨、臭椿等几十种树木都被认为具有防火能力。其中最优秀的要算珊瑚树，它的防火能力最为显著，哪怕所有的叶子全被烧焦也不会产生火焰。

提出这样的观念，从常理上看来，简直是很可笑的。是呀，从古到今，只有在神话故事中，才有植物可以说话的事儿发生，现实生活中，树木是没有说话能力的。

可是，在美国华盛顿大学有两位科学家发现了这样一件怪事情：

为了做一项实验，两名研究者选择了华盛顿州西特尔城附近的一片树林。他们曾经发现，在这片树林的柳树和桤木上，凡是经过一些捕食性动物（如某些毛虫）侵袭的树叶，就会发生营养质地的变化。那么这种营养质地的变化程度如何呢？这正是两位研究者要知道的答案。因为他们已经获得了其他一些植物在昆虫侵袭后的变化情况，例如藿香蓟，它的组织内含有使捕食性动物变态的化学物质，一旦介壳虫、蚜虫侵袭了它，这些虫类反而在化学物质的影响下变态，从而不能产卵。

实验开始时，两位研究者将几百条毛虫放在树上，然后观察这些树木如何调节机制来抵御毛虫的袭击。不久，他们就发现树木产生了反应，散发出属于生物碱或萜烯化合物一类的化学物质。这些化学物质散布在树叶间，很难被昆虫消化。

就在这时，两位研究者意外地发现了另一奇怪的现象：大约在30~40米远的另一片树林里，同样散发出了防御状态的化学物质。这是一片并没有放置毛虫的树林，而且又隔着一段距离，它们是怎样获得了"注意危险"的警告信号呢？对此，美国的学者大为惊讶。

他们觉得，肯定是那些受毛虫侵袭的树木把信息"通知"了那片本来宁静的树林，要它们加强预防。可是它们是怎样"通知"的？通过什么形式？

让对方如何接收又怎样作出防御的反应？

这一发现，导致了一系列难解之谜，引出了新的困惑，动摇了传统、固有的观念。人们对植物的能力有了进一步的认识。它们不是不会说话，而是用它们自己的方法来"说话"，来沟通它们的世界，传递它们的信息。一些科学家认为，现在远不是下结论的时候，更有说服力的解释有待于大量的实验之后才能得出。

关于植物的超能力，已经广泛地引起世界上许多人的注意，有人通过自己或者别人的观察、研究，试图做一些解释，但是这些解释是不是很完整、确切呢？

比如说，植物到底有没有神经？一部分人认为植物是没有神经的。它们根本就没有神经细胞，更谈不上神经纤维和神经中枢，不能用动物的生存模式来解释植物。而有些学者则认为，植物的敏感度有时强于动物，它们不仅有神经，而且植物的神经与动物的神经没有本质上的差别。

还有人认为，植物之所以具有感应月球和地磁的超能力，是因为植物拥有交流信息的"天线"装置，植物的刺或毛是一种导波管，类似"天线"的作用。由于有这些导波管，植物便可以感应可见光、红外线或微波光线，可以敏锐地感应化学物质、气味，还能接受压力、空气电离子、温度和湿度等。因而使得植物拥有了特殊的超能力，能与人类、星球或原始星云作信息交流。

科学家们的观点、假设为人类探索自然之谜拓宽了思路。从中我们可以看到地球植物所蕴藏着的奥秘和潜力是不容忽视的，那么等待着我们的又是什么呢？当然，肯定不是下结论的时候，而是更加艰难的努力探索。

海豹为何会在"无雪干谷"自杀

南极是人类最少涉足的大洲，在那里还有许多现象人们无法解释，"无雪干谷"就是其中最神秘的一个。在南极洲麦克默多湾的东北部，有三个相连的谷地：维多利亚谷、赖特谷、地拉谷。这段谷地周围是被冰雪覆盖的山岭，但奇怪的是谷地中却异常干燥。既无冰雪，也少有降水，到处都是裸露的岩石和一堆堆海豹等海兽的骨骸，这里便是"无雪干谷"。走进这里的人都感到一种死亡的气息，于是它又被称为"死亡之谷"。

当科学家探测至此，他们对于岩石边的兽骨百思不得其解。最近的海岸离这里也有数十公里，而远一点的海岸则要有上百公里。习惯于在海岸旁边生活的海豹一般情况下不会离开海岸跑这么远，可这些海豹偏偏违背了通常的生活习性来到这里呢？

一些科学家认为，这些海豹来到这里是因为在海岸上迷失了方向。在这个没有冰雪的无雪干谷地区，海豹因为缺少可以饮用的水，力气耗尽而没能爬出谷地，最后干渴而死，变成了一堆堆白骨。由于自然界中存在着鲸类自杀的现象，还有一些科学家认为这些海豹跑到无雪干谷地区就像鲸类一样是自杀。可是，并没有充足的理由证明这是海豹自杀。因而有些科学家认为，这些海豹可能是受到了什么惊吓，在什么东西的驱赶下才到了这里。那么海豹在过去的年代里到底是惧怕什么而慌不择路呢？又是一种什么样的东西将它们驱赶到这里呢？这一系列问题真令人费解。

除了神秘的兽骨，无雪干谷还有许多让人无法解释的景观。

新西兰在这个无雪干谷的腹地建立起一座考察站，并根据考察站的名字，把考察站旁边的一个湖取名为"范达湖"。一些日本科学家在1960年实地考察了无雪干谷的范达。奇异的水温现象使他们感到惊讶，水温在三四

△ 神秘的无雪干谷

米厚的冰层下是0℃左右，水温在15米至16米深的地方升到了7.7℃，到了40米以下，水温竟然跟温带地区海水的温度相当，达到了25℃。科学家们对范达湖这种深度越大水温越高的奇怪现象兴奋不已，纷纷来到这里进行考察。

日本、美国、英国、新西兰等国的考察队从各个角度对这一疑团加以解释，争论不休。其中有两种学说颇为盛行：一种是地热说；一种是太阳辐射说。

坚持地热说的人提出：罗斯海与范达湖相距50公里，在罗斯海附近有默尔本山和埃里伯斯两座活火山。前者正处于休眠期，后者仍在喷发，表明这一带岩浆活动剧烈，因此会产生很高的地热。在地热作用下，范达湖会产生水温上冷下热的现象。然而有很多证据却表明，在无雪干谷地区并没有任何地热活动，这一观点并不足以解释上述现象。坚持太阳辐射说的专家们则认为，在长期的太阳照射下，范达湖积蓄了大量的辐射能。夏天时，强烈的阳光透过冰层和湖水，把湖底、湖壁烘暖了。湖底的咸水吸收、积蓄了大量阳光中的辐射能，而湖面冰层则是很好的隔离屏障，阻止湖内热量的散发，产生温室效应。南极热水湖蕴含丰富的盐溶液能有效蓄积太阳能，这就是范达湖的温度上冷下热的原因。但有许多人并不同意此说法。他们认为，南极夏季日照时间虽长，但少有晴天，因此地面能够吸收到太阳的辐射能很少，再说又有90％以上的辐射能被冰面反射。另外，暖水下沉后必然使整个水层的水温升高，而不可能仅仅使底层的水温升高。这样一来，太阳辐射说的理论似乎又站不住脚了。美国学者和日本学者经过多年的研究，提出了新的论点：虽然南极的夏季少晴天，致使地表只能吸收很少的太阳辐射。但是，透明的冰层对太阳光有一定的透射率，这样，靠近表层的冰层会获得太阳辐射的能量。此外，冬季凛冽的大风会将这里的积雪层吹得很薄，而到夏季，岩石又使地表能够吸收充足的热量。日积月累，湖水表层及冰层下的温度便上升，最后到了融化的程度。由于底层盐度较高，密度较大，底层不会上升，结果就使高温的特性保留下来。同时，在冬天时表层水有失热现象，底层水则由于上层水层的保护，失热较少，因而可以保持特别高的水温。据一些科学家的观测记录显示，此说法还是有一定说服力的。

在无雪干谷地区范达湖的秘密还没有被最后破解时，探索者们又发现了另一个无法解释的现象。从范达湖往西10公里的地方，有一个叫"汤潘湖"的小湖泊，湖水盐度非常高，如果泼到地上，很快就会析出一层薄薄的盐。汤潘湖的湖水为什么不会结冰呢？有人说湖水之所以不结冰，是由于湖里的盐分较高造成的。有人则分析说，汤潘湖在极低的温度下不结冰，除湖水中较高的盐度之外，可能还有另外一个原因，那就是周围地热的作用。

无雪干谷、上冷下热的范达湖、常年不结冰的汤潘湖……这一个个难以解释的谜题为南极披上了一层层神秘的面纱，吸引着各国探索者的目光。也仿佛在告诉人类，征服自然之路任重而道远，但却其乐无穷。

"海底人"之谜

UFO是飞碟之谜，而USO，则是一个类似UFO的难解之谜。不过它是发生在海洋中的不明潜水物。

第一次发现USO在发现UFO以前。1902年，航行在几内亚海域的一艘美国货船突然发现前方近100米的地方，有一个飞艇似的庞然大物在沉浮。货船立即开足马力向它靠拢，奇怪的是它立刻沉入海底而不留一点浪花。潜艇吗？那时，还没有出现第一艘潜艇呢！

1963年，美国海军某部在布埃特·利戈东南海面进行反潜艇作战练习，有艘主力舰发现了不明潜水物。当时，这个半浮海面的巨大物体，被舰队指挥官当成是不明国籍的间谍潜水物毫无损伤。当它悄悄地下潜海底时，整个舰队的所有无线电通信设备统统失灵。直到10分钟后那个不明潜水物全匿迹时，舰队的无线电通信联系才恢复正常。同时，有人发现了潜水物的行动神速，惊鸿一瞥，迅即沉入深海。它的神速胜过了当时最先进的潜艇。

在USO连续出现的过程中，1973年引起了最大的轰动。那时，北约数十艘军舰在挪威的岘科斯纳契湾发现了一个不明潜水物。军官们开始以为是不明国籍的间谍潜艇，便开始了追逐。后来，干脆下令袭击，大炮、鱼雷、深水炸弹，一切可以用的都用上了，但对它毫无作用。只见它悠然地浮出水面，眼看靠近了，但数十艘军舰上的无线电通信、雷达和声呐等全部失灵，想袭击也袭击不了。只能眼睁睁地看着这个不明潜水物洋洋自得地远去，直到不见踪影，各舰上的设备才恢复了正常功能。

1973年4月，一个叫丹·德尔莫尼奥的船长，在百慕大三角区附近的斯特里姆湾明澈的海水里，看到了一个形如两头圆粗的大雪茄烟似的怪物。它两次都是在下午3点左右出现在比未尼岛北部和迈阿密之间，并且，都是在风平浪静的时刻。这位船长非常害怕船与它相撞，竭力想躲开，可是往往是它先主动地消失在船体的龙骨下。

有的科学家认为，是外来文明匿身于海底。因为那种超级潜水物体所显示的异乎寻常的能力，实在是地球人所不可企及的。海洋是地球的命脉，因此存在于地球本土之外的某些文明力量关注于我们人类的海洋是必然的。超级潜水物也许已经拥有它们的海底基地，至于它们的活动当然不是为了和地球人搞"捉迷藏"游戏的。海洋便利于隐藏或者说潜伏，这固然是事实，但更主要的，海洋能够提供生态情报，这已经足够了。如果说未来的某个时候发现了并不属于地球人们的海洋活动场所，那么这该是不足为奇的事情。因为人们毕竟早已猜测到了外来文明力量存在于地球水域中的事实。

也有研究者认为，不明潜水物的主人来自地球，不过他们生活在水下，甚至生活在地下。

1959年2月，在波兰的格丁尼亚港发生了一件怪事。在这里执行任务的一些人，忽然发现海边有一个人。他疲惫不堪，拖着沉重的步伐在沙滩上挪动。人们立即把他送进格丁尼亚大学的医院内。他穿着一件"制服"般的东西，脸部和头发好像被火燎过。医生把他单独安排在一个病房内，进行检查，人们立即发现很难解开病人的衣服。因为它不是用一般呢子、棉布之类东西缝制的，而是金属做的。衣服上没有开口处，非得用特殊工具，使大劲才能切开。体检的结果使医生大吃一惊。此人的手指和脚趾数都与众不同，此外，他的血循环系统和器官也极不平常。正当人们要作进一步研究时，他忽然神秘失踪了。在此以前，他一直活在那个医院内。

这究竟是一个什么人？他来自何方？

神秘线条之谜

至今学者们争论不休：历史上人类的许多特异成就到底有何用处？

1926年，秘鲁考古学家泰罗率领一个研究小组来到南部那斯克镇附近的一片干旱高原上进行考察，这个地区曾是那斯克印第安人的故乡。一天下午，秘鲁组员瑟斯丕和美籍组员克罗伯攀上一座山头。他们居高临下，忽然看见荒原上有许多纵横交错的模糊线条，那是在平地上看不出来的。经过考察，发现这些线条是清除了地上的石块后露出了黄土而形成的。

人们最初认为这些线条是古时候那斯克人的道路。20年代末30年代初，考古学家通过飞机飞行考察，发现荒原上除了线条外，还有许多巨大长方形和几何图形，许多种动物的优美线条画，包括猴子、蜘蛛、蜂鸟、鲸，还有手掌和螺旋形图案。每个长约1.2～1.83米不等，这样的线条显然不是道路。

虽然有的线条长达数公里，但是，不论它们是越过任何地形延伸到山顶，其直线偏差每公里不过一两米。这些线条绝不是艺术品，因为当时那斯克人不可能在高空俯瞰欣赏。这些线条也不是什么工程杰作，因为1000名印第安人在3周内便可将所有的石头搬走。至于何以能笔直，那就更简单了。

学者们最感兴趣的不是线条的产生，而是它的用途。1941年，美国考古学家科索克通过对许多线条和图案的研究，认为是为观察天象制作的。这种说法引起了德国数学家赖歇的兴趣。从1946年开始，她用毕生精力，力图揭开这些线条的奥秘。她和科索克都认为这些线条指向主要星座或太阳，以计算日期。她认为那些图案代表的是星座，整个复杂的记号网可能是一个巨型日历。

1968年，美国天文学家霍金斯在英国南部著名的新石器时代遗迹"巨形方石柱"发现了类似的天文定线后，便将注意力转到那斯克线条。他借助计

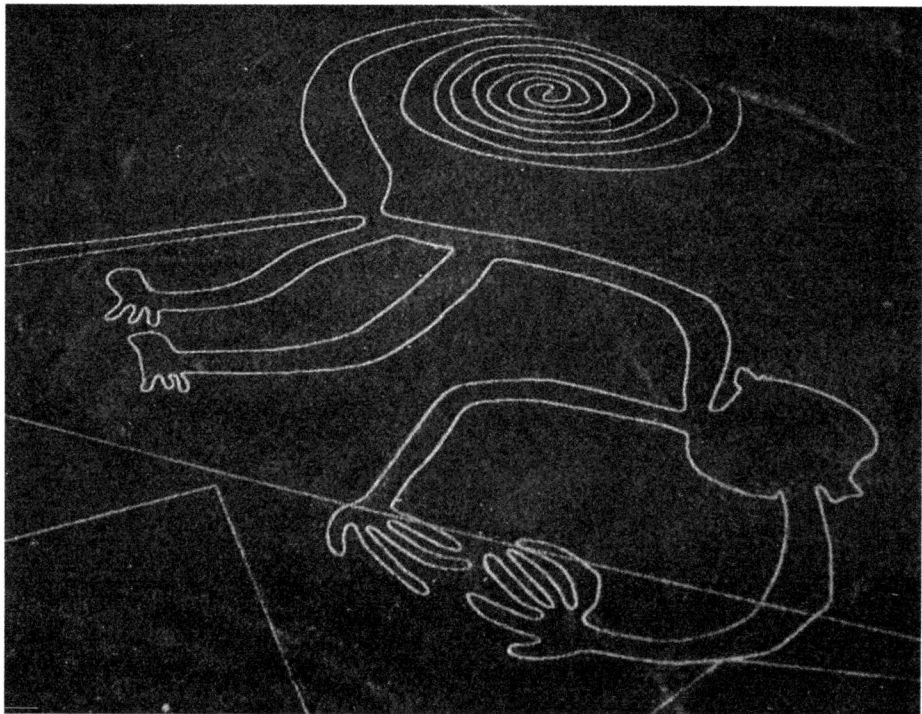

△ 纳斯卡山谷线条巨画

算机查测每条直线在过去7000年内是不是曾对准过太阳、月亮或是一个主要星座。结果有个名为"大长方形"的图形是公元610年前后各30年内曾对准昴星团。这日期与现场发现的一根木柱的年代不谋而合。尽管如此，还是不能解开那些线条的奥秘。因此，那些好像有特殊意义的线条只能是巧合的。

1977年，英国电影制片家莫理森也加入到研究的行列。他认为要找到最终答案，必须弄清那斯克人的风俗和宗教。虽然，那斯克人早已消失，但在安第斯山脉的其他地区也有类似的线条，因而他希望居住在那里的印第安人能够说明造这些线条的意图。

莫理森的好奇心又是受到1926年发现这些线条的瑟斯丕的启发。瑟斯丕早在1939年便认为这些线条是用作宗教的道路，只是没有找到足够的证据。莫理森在一本西班牙编年史里发现了一点线索，书中记录了印加帝国首都库斯科的印第安人如何从太阳神殿出发，踏上伸向四面八方的各条直线，到沿途安设的神龛去参拜。既然那斯克荒原上的线条穿行于一堆堆石头之间，那些石堆不就是笔直的神圣路径连接的神龛吗？

于是，莫理森前往库斯科勘查这些神圣的路径，但痕迹早已湮没。1977年6月，他终于在玻利维亚的一个艾马拉人居住的地区，找到了一批不是移去的石头，而是割除灌木形成的线条，它们和那斯克荒原上的线条一样笔直，一样不顾任何地势阻挡地向前伸展。同时，正是这些线条将石头堆筑成的神龛连接了起来，而且许多神龛还筑在山顶。

莫理森发现，好几条连接神龛的路线汇合于一座庙宇。印第安人沿着这些路线前往庙宇，途中不时停下向路边的神龛参拜。在他们看来，偏离这些路线就会走入妖魔鬼怪的领域。艾马拉人认为，神龛的位置越高，神灵的威力就越大。由此可知，这里的路径也和那斯克的一样不避险阻地直达山顶。

是天文定线还是朝圣之路，那斯克线条之谜迄今尚未完全揭示。目前，那斯克线条正受到保护，以便于今后研究，因为每块没有翻起的石头后面都可能隐藏着重要的线索和揭示奥秘的钥匙。

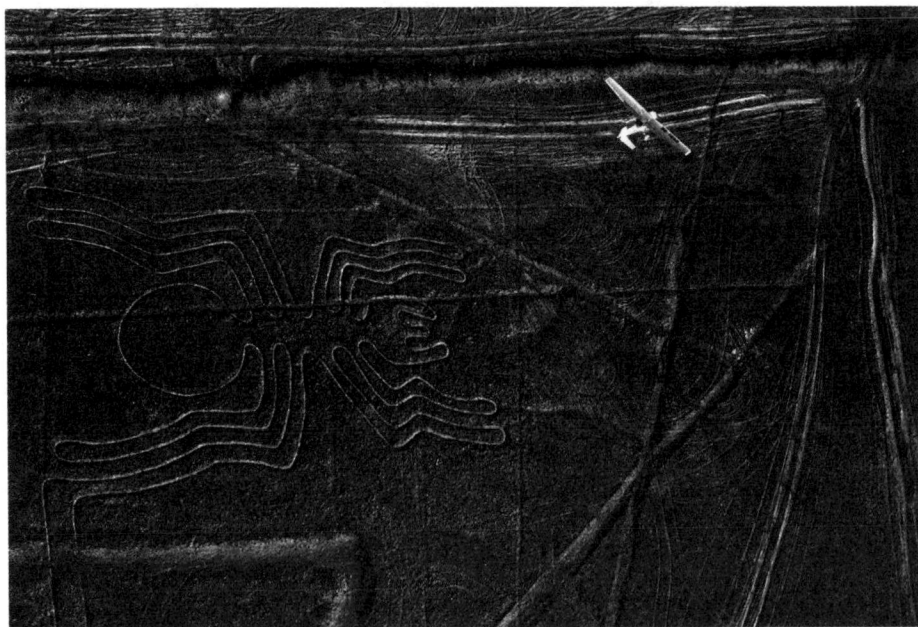

△ 纳斯卡平原巨画

塞族"人畜殉葬"之谜

　　古代的葬礼形式多样，但是能够被完整记录下来的却比较少。生活在中亚地区的塞族人毛骨悚然的葬礼仪式"人畜殉葬"，很难得地被较完整地记录下来。

　　塞族人是中亚最古老的民族之一。公元前2000年前后遍布天山南北地区。文献资料和考古发掘都证明塞族人以中亚土著居民为主体并融合了东迁的雅利安人和西来的游牧民族，各个部落有很强的独立性。

　　古代塞族的国王和平民的葬礼是有区别的，从丧葬形式、过程、规模等各个方面都不可同日而语。塞族国王去世后，要到一个专门的地方建造坟墓，那是盖罗斯人居住的地方。国王去世后，由身为王族的斯奇提亚人挖掘出一个大穴，作为能够容纳众多人畜的陵墓。

　　像埃及法老入葬前的尸体处理一样，塞族人首先要对其国王的尸体进行保护处理。将尸体放在车上送到异族后，切开腹部并清洗干净，然后放入切碎的姜根、香料、洋芜荽、大茴香种子，然后缝补好，再将尸体的外面涂上蜡。

　　入葬前还有一个将尸体"运载"到所属各族的仪式。接受尸体的人和皇族斯奇提亚人一律要割掉耳朵的一部分，并要用剃头、切破前额、划伤背部并用剑刺穿左手这种以伤害身体的办法送葬。据说可能代表了对国王的某种神秘的信仰，但并无确切的定论。当地人们将国王放在车上，继续运到下一个异族，所到之处的人们都跟在尸体的后面。最后运送到王国统治最边远的地方，也就是盖罗斯人居住的用来入殓国王的地方。关于在王国统治的边缘地区入葬这一点，现代人还不清楚是出于什么原因。

　　在下葬之处，国王的尸体被放在一张草床上运入墓中。尸体两侧插上顶部搭有木片的长枪，覆盖上一些细小的枝条当作屋顶。入葬的那一刻，国王的一个妃嫔被当场绞死，为的是要陪同国王到另一个世界去。同时埋葬的还有厨夫、厩夫、觞官、侍者、传信官和马匹等。大概臣民希望国王走的时候也要和在世的时候过着同样的生活。

一年后，还有更可怕的事情。已故国王侍者中的幸存者被挑选出来，这些都是老国王在世时选定的斯奇提亚人，其中50人将要被绞死。据说斯奇提亚人从来就没有购买奴隶的习惯，所以没有人可以顶替他们。不知道是他们内心甘愿勇敢地追随老国王呢，还是苦于没有奴隶而无奈地只好听从命运的安排？另外，人们还要宰杀50匹良马，挖出心脏，填入谷壳。

塞族人在地上两个一对地钉入很多木桩，每对木桩顶部安放着车轮的半个边缘，车轮的那一半放在另一对木桩上。完成好这些木桩的设置后，用一个大的木棍从尾到肩横穿过马匹，后面的车轮在马腹部支撑着这匹马，马的4条腿凭空悬着，每匹马都有缰绳拴在前面的木橛子上。被绞死的50个侍者安置在马匹上，用木棍沿着脊椎穿到颈部，身体后凸出的部分固定在横穿马匹的木棍小孔上。

不知道古老的塞族人，费了这么大的工程，目的是什么？为什么要国王过世一年之后才派去50人的侍者队伍？究竟老国王想得到什么？这些仍然是一团迷雾。

相对国王血腥的殉葬，塞族人的平民葬礼可以用"朴素"来形容了。斯奇提亚人去世后，安放车上，然后被拉着去访问死者的亲朋好友，接待的人要赠送死者和随死者来的人相同的物品。简单入葬后，人们要擦洗全身，不是用水而是用蒸汽。据说用木棍支个架子，上面盖上毛毡，将灼热的石块放在架子下，上面放些大麻的种子，就会产生出很多蒸汽。

对于玛撒该达人的年长者，则会被族人集合起来杀死，而且用来做人肉宴。为什么如此残忍地对待老人呢？有人推测说，在塞族人的心目中，病死是一件很不幸的事情。

古代塞族人令人心怵的葬礼，其最初形成的原因是什么，与这个民族的信仰或生活习惯都有哪些关系？诸如这样的疑问还萦绕在世人耳边。

奇异的贝加尔湖之谜

俄罗斯境内西伯利亚东南，距伊尔库茨克65公里处有一个全世界最大的淡水湖——贝加尔湖。湖面面积为3.15万平方公里，平均深度为730米，贮存了全世界1／5的淡水。世界上的一些著名湖泊的贮水量几乎都是逐年减少，可贝加尔湖却在逐年增加。

贝加尔整个湖区及其周边地带生长着1200种动物和600多种植物。其中2/3是其他地区根本没有的特种生物，有些生物只有在几万年甚至几亿年前的古老地层里才有类似的化石。另外，还有不少生物要到相隔很远的热带或亚热带才能发现它们的同种或近亲。例如，湖中有近亲生活在印度湖泊里的某种藓虫类动物，有在中国南方湖泊里才能见到的水螅，有在北美洲的湖泊里才有同种奇特的长臂虾，还有在巴尔干半岛的奥赫里德湖里才能找得到的蛤子。

然而，最使科学家感兴趣和迷惑不解的是：贝加尔湖中生活着许多地地道道的海洋生物，如海豹、重鱼、海螺、奥木尔鱼等。世界上只有贝加尔湖湖底长着浓密的丛林——海绵，海绵中还生长着外形奇特的龙虾。可是贝加尔湖的湖水一点儿也不咸，为什么会生活着如此众多的"海洋生物"呢？对此，科学家们作了种种推测。

最初，我国科学家认为，地质史上贝加尔湖是和大海相连的，海洋生物是从古代的海洋进入贝加尔湖的。苏联的维列夏金根据古生物和地质方面的材料推测，中生代侏罗纪时的贝加尔湖以东地区，曾有过一个浩瀚的外贝加尔海。后来，由于地壳变动，留下了内陆湖泊——贝加尔湖，随着雨水、河水不断加入，咸水变淡，而现在的"海洋生物"就是当年海退时遗留下来的。

20世纪50年代初，科学家们采用更为先进的钻探技术在贝加尔湖滨打了几个很深的钻井，在取上来的岩芯样品中，没有发现任何中生代的沉积层，只有新生代的沉积岩层。其他的一些材料也证明，贝加尔湖地区长时间以来一直是陆地，贝加

△ 美丽的贝加尔湖

尔湖也是由于地壳断裂活动形成的断层湖。从而否定了湖中海洋生物是海退遗种的说法。

那么，湖中的海洋生物到底是从哪里来的呢？它们又是怎样进入湖中的呢？

苏联的贝尔格院士等人认为：只有海豹和奥木尔鱼是真正的海洋生物，它们可能是从北冰洋沿着江河来到贝加尔湖的。那么，如何解释海绵、龙虾、海螺、鲨鱼等生物的存在呢？

他们认为：贝加尔湖有类似海洋的一些自然条件，如贝加尔湖非常像海洋盆地，所以在许多淡水动物的身上，产生了与海洋动物类似的生理特点。

关于贝加尔湖特有生物来源的问题，至今没有水落石出。最显而易见的疑问在于：为什么海豹和奥木尔鱼不在老家好好呆着，却要劳筋动骨地搬到2000多公里以外的淡水湖来生活呢？而且它们怎么知道那里有适于它们开展新生活的贝加尔湖存在？

从18世纪到今天，科学家们已经用10多种文字，在20多个国家里出版了2500多部有关贝加尔湖的著作。但看来这些谜就像贝加尔湖本身一样，变幻不定，深奥莫测。

"杀人湖"之谜

  1988年暮春的一个清晨，西非喀麦隆高原美丽的山坡上，水晶蓝色的耐奥斯湖不知为什么突然变得一片血红，好像一只溃烂而愤怒的红眼睛，痛苦地望着在山坡上玩乐的游人。

  人们不约而同地向山下冲去，只见沿坡的草丛里到处躺着死去的牲畜，它们好像是被谁从天上抛下来摔死了。耐奥斯湖畔的村落里一片死寂，房舍、教堂、牲口棚都完好无损，可是街上没有一个人走动。忐忑不安的游人们结伴进村，想知道这里到底发生了什么意外的事情。更令人触目惊心的景象展现在人们眼前：村民们表情痛苦地躺倒在村舍的门前，看样子已经断气多时了。有几个胆大的美国人跨过村民住房前横七竖八的尸体，进屋去窥探，那里也都是死人，有的躺在床上，有的倒伏在厨房的地板上，身旁散落着没吃完的饭菜。

  在离耐奥斯湖较远的地方，人们找到了一些昏迷不醒的垂危者。从幸存者口里，人们知道了惨案发生的经过。昨日傍晚，耐奥斯湖突然传来一阵隆隆巨响。只见一股幽灵般的圆柱形蒸汽从湖中喷射出来，直冲云空，高达80多米，然后，它像一朵烟云注入下面的山谷。同时一阵大风从湖面呼啸而过，夹着使人窒息的恶臭，将这朵烟云推向周遭的小镇。烟云所到之处，所有鲜活的生命都被吞噬了。

  事情发生后，世界各国的科学家们都纷纷涌到耐奥斯湖畔寻找答案。研究人员在分析耐奥斯湖水样本时，发现水中溶有相当多的气体，其中98％～99％是比空气重一倍半的二氧化碳。而当人们从深水处将某个样品提上水面时，湖面就会像刚打开瓶的汽水那样，嘶嘶作响冒气。

  由此，科学家们断言，这是因为山崩或火山爆发时产生的大量二氧化

△ 神秘的耐奥斯湖

碳慢慢溶解在湖水中。久而久之，耐奥斯湖就成了一个含有大量二氧化碳的"定时炸弹"，稍稍搅动一下，例如落石、地动、暴风、火山喷发等，都能轻而易举地触发湖水释放气体。当大量二氧化碳云雾下沉到地面时，地面的生命便都窒息而死。科学家的解释似乎是合情合理的。然而这次离奇的"湖泊杀人事件"依然疑雾重重，比如，是什么原因导致耐奥斯湖水突然变成血红色？沿岸的死去的牲畜似乎并不是窒息而死的。它们是从高空跌下，内脏爆裂大出血死亡，那么是谁将它们从高空抛下的呢？这些好像都是"二氧化碳喷发"理论所无法充分解释的。

看来，人们需要通过更深入的调查和研究更多地了解这个奇异的"杀人湖"，揭开它"无故"杀人的谜底。

"淘气"的马拉维湖有何秘密

地处3个非洲国家——莫桑比克、马拉维、坦桑尼亚之间的马拉维湖，是当今世界第一奇异的湖泊。

这个著名的湖泊有着非常"淘气"的性格，据说，它调皮的时间一般是上午9时左右，马拉维湖的泱泱湖水会莫名其妙地开始缓缓消退。水位下降6米多才中止，它仿佛是玩累了，需要"歇口气"。大约"休息"2个小时，湖水又继续消失，直至出现浅滩才渐渐停息。4个小时后，"退避三舍"的湖水陆续返回"家园"。下午7时，湖水开始骚动，只见水位不断上升，直至洪流漫溢，倾泻八方。再过大约2个小时，马拉维湖才重回风平浪静，它这一次的恶作剧才算全部完结。

马拉维湖湖水的消涨并无一定规律。有时，一天一次，有时，数日一次，有时，数周一次。但是，几乎每次都是上午9时左右开始，晚上9时左右结束，前后大约持续12个小时。

海水涨潮落潮是尽人皆知的事，然而坐落在非洲大陆的淡水湖——马拉维湖为何也有潮汐现象呢？如果说，马拉维湖的水位之涨落是月亮和太阳的吸引力所致。但是，相距不远的鲁夸湖（坦桑尼亚境内）与奇尔瓦湖（莫桑比克与马拉维两国接壤处）为什么却没有这种水涨水落的怪异现象？法国地理学家雅克·施戈特尼斯曾经推测：马拉维湖之下可能隐藏着一个地下湖泊，它与地面湖形成连环湖。由于某种自然因素的作用，湖水时而泻入地下，时而涌出地面，形成今日这种令人费解的怪异现象。

1987年8月，意大利的一支地理考察队专门在马拉维湖之下的底层深处进行了广泛的勘察，证明雅克的设想不能成立。因此，直到现在，马拉维湖的潮汐现象仍是一个谜。

南极为何有"不冻湖"

南极位于地球上的最南端，当一提起它，人们所想到的第一件事就是"冷"。在南极，放眼望去，皑皑白雪，银光闪烁。在这1400万平方公里的土地上，几乎完全被几百至几千米厚的坚冰所覆盖。零下五六十摄氏度的气温，使这里的一切都失去了活力，丧失了原有的功能。石油在这里像沥青似的凝固成黑色的固体，煤油在这里由于达不到燃烧点而变成了非燃物。然而，有趣的自然界却奇妙地向人们展示了它那魔术般的奇迹。在这极冷的世界里，竟然奇迹般地存在着一个"不冻湖"。

科学家们所发现的这个"不冻湖"，面积达2500多平方公里，湖水遭到了极其严重的污染，并有间歇泉涌出水面。科学家们对这个湖的周围进行了考察，发现在它附近不存在类似于火山活动等地质现象。为此，科学家们对于出现在这酷寒地带的"不冻湖"也感到莫名其妙。

为揭开此谜，苏联考察队利用电波器在他们基地附近厚达3000米的冰层下，又发现了9个"不冻湖"。这一新的发现使得对"不冻湖"的研究有了新的进展。他们接着对这些"不冻湖"的形成原因进行了分析、研究和推测，提出了各自不同的见解。有的科学家提出，这是气压和温度在特殊条件下交织在一起的结果。

持这一见解的人指出：在这3000多米冰层下的压力可达到278个大气压，在这样强大的压力下，大地所放出的热量比普通状态下所放出的热量多，而且冰在-2℃左右就会融化。另外，冰层还像个大"地毯"一样，防止了热量的散发，使得大地所释放出的热量得以积存，这样在南极大陆的凹部就可以使大量的冰得以融化，变为"湖水"。

另有一些科学家则认为：在南极的冰层下，极有可能存在着一个由外星

△ 南级不冻湖

人建造的"秘密基地"，是他们在活动场所散发的热能将这里的冰全部融化了。

还有的科学家指出：这是个"温水湖"，很有可能在这水下有个大温泉把这里的水温提高了，将冰融化了。可有些人反驳说：如果这里有温泉水不断流入湖里，为什么湖上的冰冠没有一点儿融化的迹象呢？于是，为了解释这一问题，人们在冰层上架起了钻机，取出了冰下的样品，发现湖底的水完全是凉的，这就说明了在湖下并不存在温泉，湖水不是由于温泉而热起来的。

还有一些科学家推测，湖水是由太阳晒热的。他们是这样解释的：这个四周被冰山包围的湖实际上是一潭死水，它很容易聚热。这里的冰层起到了一个透镜的作用，这种透镜可以使太阳光线聚焦，成了湖上的一个热源。当阳光照在四面冰山上的时候就有少量的热被折射到这个聚焦镜上，天长日久，就形成了这一冰川上的"不冻湖"。但同时也有人提出，为什么太阳不会把湖上的冰融化呢？如果湖上的冰起到透镜的作用，那么，为什么在其他的地方没有这种现象呢？

围绕"不冻湖"的问题，各种推论、猜测纷纷提出，然而到现在为止还没有一个科学家能拿出令人满意、使人信服的结论。

飞机失而复得之谜

1939年夏的一天，美国一架军用运输机从圣地亚哥的海军陆战队航空基地起飞，去执行任务。3个小时以后，这架运输机飞行到了太平洋上空，从那里向航空基地发回求救信号。航空基地的人们正在接收着它的求救信号时，信号突然中断。

就在大家高度紧张的时候，一件令人吃惊的事情出现了。不知道过了多长时间，那架运输机突然来到了航空基地的上空。只见它摇摇晃晃在基地上空慢慢地飞行着，并且从无线电对讲机里传出一阵要求紧急迫降的话语。基地的人们赶紧告诉他们，可以迫降，一定要注意安全。

这架运输机还是那样摇摇晃晃地飞行着，慢慢地朝着地面降落了下来。等到这架运输机降落到地面上以后，人们飞快地赶了过去。运输机里的情景一下把人们惊呆了。原来这架运输机上一共有13个人员，可现在已经死了12个，唯一活着的是副驾驶，可他也受了重伤。这个副驾驶硬是凭着坚强的毅力，把飞机开了回来。人们再仔细一察看，那已经死了的12个人身体上全都有很大的伤口，他们的子弹全都打光了，弹壳散得到处是，机舱里充满了硫黄的气味。

那么，这架运输机在魔海龙三角海域，一定是遇到了什么特殊的危急情况，还是碰到了什么可怕的敌人呢？现在，只能从副驾驶的嘴里了解了。但不幸的是，几分钟以后那个副驾驶也死了。

北纬30° 究竟有何神奇

地球的北纬30°线既有许多奇妙的自然景观，又存在着许多令人难解的神秘怪异现象。

从地理布局大致看来，这里既是地球山脉的最高峰——珠穆朗玛峰的所在地，同时又是海底最深处——西太平洋的马里亚纳海沟的藏身之所。世界几大河流，比如埃及的尼罗河、伊拉克的幼发拉底河、中国的长江以及美国的密西西比河都是在这个纬度线上注入大海的。

更加令人感到神秘莫测的是，这条纬线又是世界上许多令人难解的著名的自然及文明之谜所在地。比如，恰好建在地球大陆重力中心的古埃及金字塔群，神秘的北非撒哈拉沙漠达西里的"火神火种"壁画、死海、巴比伦的"空中花园"，传说中大西洲沉没的地方以及令人惊恐万状的"百慕大三角区"、让无数个世纪的人类叹为观止的远古玛雅文明遗址，这些令人惊讶不已的古建筑和令人费解的神秘之地汇聚于此，不能不叫人感到异常的蹊跷和惊奇。北纬30°线还常常是飞机、轮船失事的地方，人们习惯上把这个区域叫做"死亡漩涡区"。除了令人惊恐的百慕大，还有日本本州西部、夏威夷到美国大陆之间的海域、地中海及葡萄牙海岸、阿富汗这5个异常区。

如果将北纬30°线上下各移动5°左右，人们再次吃惊地发现，在北纬35°线附近，是令人恐怖的地震死亡线。这一地区发生的灾难性地震，死亡在2000人以上或者震级在7级以上的就达几十次，如日本大陆的地震达到8级、葡萄牙里斯本两次8级地震、土耳其埃尔津登的8级地震、美国旧金山的8.3级地震、意大利拉坦察的9.8级地震……

在北半球这两条相邻的纬度线，为什么会成为一条怪事迭出、灾难频繁的神秘地带？它们是偶然的巧合，是造物主有意的安排，还是受人类暂不可

△ 金字塔

知的某种力量的主宰？猜测和假想不断地提出来，又不断地被否定，但飞机和船只还在不断地失事。

北纬30°线贯穿四大文明古国，是一条神秘而又奇特的纬线。在这条纬线附近有神秘的百慕大三角，有伊斯兰教、佛教、印度教、基督教的圣地，有猿人化石发现地中国元谋，有著名的埃及金字塔，传说中沉没的大西洲，世界最高峰珠穆朗玛峰……不管是巧合还是冥冥注定，北纬30°线都是一条能引起人们极度关注的地带。

沿着这一条虚拟的曲线，我们会自然而然地留下很多疑问、困惑、惊奇甚至迷茫，是谁留下了这个不灭的古人类文明遗迹？是谁雕刻出北纬30°说不清的风景？

喜马拉雅"雪人"只是一种棕熊吗

　　神农架野人，喜马拉雅山雪人，尼斯湖水怪……每过一段时间，就会浮现在人们的视野之中，引起一阵议论。"雪人"这个名词，一直吸引着广大公众的注意。世界各国许多人类学家和动物学家、科学研究工作者和登山爱好者，都热衷于寻找雪人，渴望能揭开这一千古之谜的面纱。有人曾预言，1995年内人们将看到一个活生生的雪人。可是，直到1997年下半年，才传来了差强人意的消息。南蒂罗逛尔人，饱尝惊险的超级登山爱好者赖因霍尔德·梅斯纳，历时12载拍摄"喜马拉雅山雪人"的努力喜获进展。在"世界屋脊"附近的荒芜偏僻的高山地区，梅斯纳有幸遇见了此种传说中的怪物——其实这已是他生平第4次遇见了。

　　梅斯纳现年54岁，1986年到1998年的12年间，曾经30次远行到喜马拉雅山和喀喇昆仑山地区寻找雪人。

　　他第一次遇见雪人是在1986年7月19日。那天黄昏时分，他独自在喜马拉雅山地区攀登一处高约海拔4000米的山脊，四下里不见人烟。陡然之间，他看见长满杜鹃花的灌木丛中钻出来一头巨兽，沿荒芜的山崖边的小径走去，在泥地上留下巨大足印。它全身上下长着毛，仿佛生气似地发出高亢的叫声，迎风传来一股刺鼻的臭味。梅斯纳虽然阅历丰富，见多识广，一时间也禁不住胆战心惊。急切中他曾想打开相机拍照，可闪光灯不亮，他目瞪口呆，无可奈何地望着巨兽消失在山崖小径的尽头。

　　梅斯纳在暮色苍茫中赶路，来到一处茅屋半已倒塌的小山村投宿，当地居民接待了他。他向他们讲述刚才令他毛骨悚然的遭遇，他们露出十分敬畏的神情告诉他："您遇上了Chemo。"据梅斯纳记述，他见到的Chemo既像熊，又像人。他仔细观看了Chemo在山崖旁小径泥地上留下的足印，很像人的脚印，只是大得吓人，与著名登山探险家埃里克·希普顿1951年在梅伦泽冰川旁拍摄到的足印照片一模一样。

梅斯纳将自己的这次奇遇写成文章在报刊上发表后，很多人嗤之以鼻，说他看见的雪人，只不过是他在高山严重缺氧情况下产生的幻觉。

德国《图片报》干脆指出他是："由于想雪人想得眼睛发了花。"

但尽管如此，梅斯纳仍迷恋于雪人，坚持继续寻找这种被不少人视为想象中才有的怪物。他孜孜不倦地寻找了12年，到过不丹、巴基斯坦、锡金、印度北部、西伯利亚

△ 喜马拉雅雪人

和尼泊尔，几进几出中国西藏，先后4次亲眼见到活生生的雪人，最后一次终于拍摄到了雪人的照片。他把他的经历写成专著《雪人、传说和事实》，于1998年10月2日出版，并得出结论说："雪人之谜已被揭开，雪人并不是什么怪物和幽灵。"

梅斯纳第一次见到雪人，未能拍照。第二次是漆黑的夜晚。第三次拍下了雪人的足印，但底片在归途中不慎被毁。1997年7月，梅斯纳总算成功了。"这一次是在克什米尔西北部南迦峰（海拔8125米）附近，当时气温-40℃，Chemo距离我只有20步，拍下的照片十分清晰。这是我掌握的确凿证据，证明雪人是棕熊，而不是什么'雪山人'也不是猿，尽管人们都希望是雪山人。"

从梅斯纳拍到的照片上可以看出，"雪人"不像好莱坞影片中塑造的那种张牙舞爪的怪物金刚，不是尼安德特人的亲属（指1856年在德国杜塞尔多夫附近出土的旧石器时代中期"古人"化石），也不是类人猿。而是一头全身长毛，模样滑稽可笑的动物，眼睛注视着相机镜头，仿佛是摆好姿势让梅斯纳拍照。

　　梅斯纳在专著中写道：雪人在光天化日之下不难看出分明是一头棕熊，确实硕大无比，高2.4米，性杂食，毛色随年龄增大而变换，由棕褐色成黑色。这种棕熊只生活在"世界屋脊"和喀喇昆仑山地一带，据他估计，现今在西藏东部共有1000~2000头。此外，在不丹、巴基斯坦和蒙古可能有一种类似的种属，被称为Alma。

　　有人声称，雪人是由一种巨猿演化而成的。梅斯纳不同意此说，虽然在喜马拉雅山脉较低的地带已经发现了这种巨猿的骨头。梅斯纳指出，他在当地参观过一具雪人木乃伊，后来还见过一个雪人标本，这两者均是棕熊。当地居民向他讲述过种种关于Chemo的故事，都表明它是以洞穴为家、习惯于昼伏夜出、外形像人的棕熊。棕熊常常看上去似乎用两只脚在雪地里和灌木丛中慢腾腾地行走的脚印，其实是用4只脚，两只后爪正好踩在两只前爪踏出的足印上，以致人们误认为只用两只脚。在某些地区，这种棕熊力气十分大，挥动两只前爪，可以轻而易举地打断体重达600公斤的牦牛的后颈。据传说，这种浑身长毛的雄性雪人还偷抢伤害年轻姑娘。

　　现在，梅斯纳计划将自己搜集到的有关资料提供给美国动物学家乔治·沙勒。至于各种物证，如雪人的毛、粪便和一张皮，他暂时不想公之于众。

　　在梅斯纳看来，棕熊的科学分类无关紧要。他表示："即便有谁查明Chemo不是棕熊，我也没有意见，我个人无意发现新的动物种类，我只是想阐明，作为神话传说的'雪人'实际上是一种动物，不论叫它Chemo或Derma都行。"他专著中列举了他收集到的上百种不同叫法，都是各地方言土话，概而言之意思均相当于"雪人"。

　　梅斯纳还指出，他的推断其实与早在半个世纪前德国生物学家恩斯特·舍费尔所作的研究不约而同。他曾仔细阅读和观察舍费尔的遗著和藏品，包括著作、论文、一颗Chemo的头颅和一张Chemo整皮。舍费尔生前相信纳粹党卫队头子希姆莱鼓吹的"血统渊源"奇想，不远万里东行到喜马拉雅山地"为雅利安人寻根"，早在纳粹当政时期便得出了类似的结论，并曾用猎枪射杀了好几头棕熊。据说有两头棕熊被剥制成标本，至今还藏在奥地利萨尔斯堡一所博物馆的地下室里。

"巨菜谷"的蔬菜为何长得那么肥硕

美国阿拉斯加州安哥罗东北部的麦坦纳加山谷有一种神奇的"魔力"，使那里的蔬菜长得硕大异常：土豆长得像篮球那么大，一个白萝卜重达20多公斤，红萝卜有20厘米粗、约35厘米长，卷心菜平均有30公斤重，豌豆和大豆能长到2米高，牧草也高得可以没过骑马者的头顶。由于这个地方所有的植物都长得非常高大，所以被人称做"巨菜谷"。

从"巨菜谷"被发现的那天起，科学家们就开始了对这一反常现象的研究。一开始，有人怀疑这不过是一些特殊品种的蔬菜，但经考察研究却发现并非如此，这些都仅仅是一些普通蔬菜。因为科学家曾做过实验，将外地的蔬菜籽拿到这个地方，只要经过几代繁衍，也会长得出奇的高大。但是，如果把那里的植物移往他处，不出两年就退化成和普通植物一样。这种离奇的现象让科学家们百思不得其解。

为了解开这个谜团，科学家们做了更为深入细致的研究，也各自提出了不同的解释。有的科学家认为：这是由于这个地方处在高纬度地带，夏季日照时间长，所以这里的植物能够吸收到特别充分的阳光，这就刺激了它们的生长激素，导致它们变态性地生长。但是，这种解释是经不起仔细推敲的。因为，还有很多地方和这个地方处于相同的纬度，但在这些地方却并未发现如此高大的同类植物。因此，又有科学家提出观点认为，这种奇怪现象是由于悬殊的日夜温差起作用的结果，骤冷骤热的日夜温差破坏了这里的植物的生长系统，使得它们疯狂生长。但这种解释和前一种观点有同样的漏洞，即他也同样无法解释为什么有类似气候条件的其他地方却没有这一奇异现象。

这种现象让我们想起了中国历史名人晏子的那句名言："橘生淮南则为橘，生于淮北则为枳。"难道真的是水土的原因吗？于是科学家们的关注点从植物研究转到土壤研究。有科学家提出了这样一个假设，认为这可能是富饶的土质或者土中有什么特别的刺激生长的物质起作用的结果。为了验证这种假设，科学家们对这里的土壤进行了实地化验。但化验的结果却提供不出可用以说明这里土质特殊的资料和数据。

以上几种观点都有自己的理论破绽，所以有些科学家认为起作用的并不是一种原因，而是上述各种条件的综合。

近些年来，一些生物学家注意到有一种寄生在植物幼芽上的细菌会分泌一种赤霉素，这种植物激素具有促使植物神速生长的奇效。这个发现给长期被此问题困扰的科学家带来了一丝曙光。他们据此认为，"巨菜谷"的巨型植物的出现，可能是某种适宜于当地生长的微生物的功劳。于是他们又开始了对这种特殊微生物的寻找工作。但直到今天，他们仍然没有查清究竟是哪种微生物在起作用。

要是说"巨菜谷"还牵涉到植物种子的话，那么在我国也有一个地方，竟不用播种也能收获油菜子。这块不种自收的神奇"福地"在湖北兴山县。在兴山县的香溪附近，有一块面积约200平方公里的土地，当地人每年冬天将山坡上的杂草灌木砍倒，到春天用火将草木烧掉，待几场春雨深洒后，地里就会自己长出碧绿的油菜来。到了4月中旬油菜花开季节，只见漫山遍野一片金黄，当地人对这种不种自收的现象自然是乐不可支。但对科学家们来说，却未必是什么好事，因为他们解决问题的难度又大大地增加了。

据当地老农说，这一带有20多个村庄，每户人家每年都可收野生油菜子60多公斤，基本上可满足当地人的生活用油。1935年这里山洪暴发，坡上的树都被连根拔走了，可第二年春天地里依然到处是野生的油菜。

不少科学家曾到此做过考察，也给出过种种解释，但始终没有一种理论能把这里出现的奇迹确切地加以说明。

"巨菜谷"的植物为什么会长得如此巨大？油菜又为什么能不种自生呢？这至今仍是无法揭开的谜，旷日持久的探索或许还要继续下去。

为什么有的石头会漂浮在水面上

　　将一块石头扔到江河湖海之上，任何一个正常的人也会知道，石头会沉进水底。但在长白山区，却有一种石头，丢在水上不下沉，稳稳漂浮水面之上，随波逐流，仿佛一叶小舟。当地人称其为"江沫石"，正确称谓"浮石"。

　　浮石是如何形成的呢？民间有种传说：

　　很早以前，天池没有水，长白山遍地是火，是个火焰山，整天烟气腾腾，人鸟兽虫，啥也没有。天上有这么哥儿俩，哥哥叫玉柱，弟弟叫天柱，听说长白山成为火焰山，草木不生，很是同情，向玉皇大帝请求下雨把火浇灭。玉皇大帝恩准以后，下了三天三夜的大雨，终于将火浇灭。长白山的火虽然灭了，但仍然又干又旱，没有一点水。玉柱跟天柱说："咱们在长白山山峰中间挖个井吧！"天柱同意了，兄弟俩不分白天黑夜挖到七七四十九天，只听呜呜作响，突然，从井底窜出大火来。

　　哥儿俩迅速跳上峰顶，只见大火越烧越旺，于是急中生智，连忙往深井里填石头。石头丢进火中，也被火烧着了。哥儿俩不管那一套，还是一劲儿填石头。填了七天七夜，才把大火压灭。哥俩顾不上休息，继续挖井。先把填进去的石头挖出来，这些石头被火烧得轻飘飘的，尽蜂窝眼儿。玉柱和天柱又挖了许多日子，终于挖出了水。水越涨越大，一直涨到山顶，顺着山豁口哗哗往外淌，那些被烧过的有蜂窝眼儿的石头，漂在水面上，随着水一起流走了。这哥俩挖的井，就是天池，这些被火烧过的石头，就是江沫石——浮石……

　　这个传说，与事实有些贴近之处。实际上浮石是长白山火山爆发后由岩浆凝结而成的海绵状岩石。

　　浮石的主要性能是不导热，根据这一特性，自然派上许多用场。

印度"人骨湖"之谜

　　1942年，在印度所属喜马拉雅山区的路普康湖里，考古学家发现了大约200多块巨人骨。这一重要发现引发了一场大争论，这些人骨就像谜一样困扰着世界上众多的专家、学者。人们很想知道，这些长眠湖底的人究竟是谁？他们怎么会死在这个杳无人迹的地方呢？

　　在20个世纪过去的60多年里，"人骨湖"之谜一直让世界各国的科学家们头痛不已，他们对萦绕于头脑中的各种疑问几乎无从下手。但人们还是尽其所能提出了各种各样的推测。人们曾猜测，这些人可能是在战争中阵亡的士兵，也很有可能是被冻死的迷失方向的朝圣者，还有可能是某个仪式上自杀的信徒，要么这些人就是死于当时某种流行的传染病。尽管人们提出了很多推测，然而没有一个说法足够合理并使人信服。

　　为了进一步探求"人骨湖"的奥秘，由德国海德尔堡大学的文化人类学者威廉·萨克斯带领的各国科学家们经过长途跋涉，来到这个高山湖泊。他们希望可以解开这个可以追溯到公元9世纪的"人骨湖"之谜。经过艰苦不懈地努力，这个由美国国家地理频道委托的科学小组最后终于找到了一个最具有说服力的解释，也许能够解开萦绕在人们心中长达60多年的谜团。

　　研究小组成员之一的普拉莫德·乔格里卡博士说，他们对自己的发现感到非常很吃惊，因为这些尸体在冰层下面保存得完整无缺，甚至可以看到这些人的头发和指甲，而且还能看到他们衣服的残片。科学家们通过对尸体进行深入研究发现，导致这些人死亡的原因竟然是历史上最致命的一次大规模的冰雹袭击。从这些遇难者的头骨上可以看出，他们头部都遭受过致命的打击。

　　自然人类学者苏巴斯·沃里姆贝博士认为：他们发现很多人的头骨上面

都有很深的裂缝，但这并不是由于山崩或雪崩造成的，而是由一种犹如板球大小的圆形钝器打击所导致的。沃里姆贝进一步推断，因为这些遇难者都是头骨受伤，而不是身体其他部位的骨骼受伤，所以可以肯定，一定是从上面落下来什么东西从而导致了他们死亡，而这很有可能是一场大规模冰雹的袭击。

另外还有一个可以证明科学家们推测的佐证，科学家们发现在喜马拉雅地区很多妇女之间传唱着一首非常古老的歌曲，而这首歌曲恰恰描绘了类似的场景。这首歌曲说的是，当地的一位女神被人类激怒了，于是她向惹恼自己的人类降下了"如铁一般坚硬"的冰雹。结合这首口耳相传的歌曲，科学家们断定一场大规模的冰雹极有可能就是造成这次惨案的祸首元凶。

另外，科学家们根据这些人头骨受伤的程度，还认为当年在"人骨湖"降下的这场冰雹的时速，至少应该达到了每小时100英里。正是由于这场突如其来的灾难，使得很多人没有找到可供躲避的地方，被冰雹击中后当场死亡，还有一些人被冰雹打晕或受伤后，也很快就被高原的冰冷气候冻死。从大量的考古调查中，科学家在发现尸骨的地方找到了玻璃手镯、指环、长矛、皮靴和竹手杖等遗物，他们推测这说明了死者中包括多名女性。

通过对遇难者DNA样本的研究分析，科学家发现这些遇难者之间具有很密切的血缘关系。同时，由于这些遇难者骨骼较大，身体条件也比较好，因此科学家们认为他们是一群从平原来到此地的印度朝圣者，而不是山区居民。通过对遇难者骨骼样本进行分析，科学家发现这些人的死亡时间大约在公元850年，这比原来推测的时间要早400年左右。

另外，据专家推测，在这一地区大约还有600多具尸体仍旧被冰雪覆盖着，未被挖掘出来。这些湖中的"人骨"，和已发现的有什么不同呢？如果通过DNA测试有所差异的话，那么，此前的一切推断是否都还有待商榷呢？而且，如若这片土地真的是朝圣者膜拜的地方，那么在1000多年后又是如何变化成为一个湖泊的呢？这座埋藏着无数阴魂的高山之湖，到底还有多少秘密不为人所知呢？

有人冒绿汗之谜

我们都知道人体分泌出的汗液是无色的。但是，广州有一位48岁的奇人，身上冒出的汗竟是绿色的。某家媒体的记者在调查中发现，沈阳市也曾发现过这样的怪事，有一位16岁少年身上冒出的汗竟如钢笔水般蓝。难道汗还有各种颜色？这些人为什么会突然冒出不同颜色的汗液？记者就此事向有关专家请教，结果发现此事其实并不奇怪。

"绿汗人"姓周，今年48岁，一天晚上下班后他在洗衣服时发现，自己白色衬衣的衣领处、腋下和后背处有大块大块草绿色痕迹。开始他以为是衣服沾上了绿色的东西，用洗衣粉浸泡了3个小时后用手搓还是洗不掉，上班时只好穿另外的白色衬衣。怪事发生了：不论穿哪件衣服，一脱下就发现衬衣上有一大片草绿色的痕迹。

一次，他帮一同事搬家具时，同事发现他头上流下的汗，全都是绿色，而白衬衣上又是草绿色的痕迹，这才明白是身上的汗使衣服变成了草绿色，于是他立即到广州某医院就诊。医生叫他脱掉上衣，擦干净身子，光着身子来回跑，很快草绿色的汗珠从他的头上和身上又冒了出来。经检查，周先生的血液和微量元素化验结果都显示正常，他自己也表示最近身体没有不舒服的感觉。

其实，不但有绿汗，而且还有蓝汗。冒蓝汗的是沈阳市一位16岁少年李某。有一天，他母亲偶然发现，儿子的衣服上染了许多"钢笔水"，而李某却坚持说并未染过钢笔水。李某的母亲仔细一看，大吃一惊："难道是汗水？"次日，李某的母亲带着他来到沈阳某医院就诊。值班的医生让李某先把身上擦干净，然后楼上楼下跑了几个来回，很快，李某的身上冒了汗。令医生也吃惊不小的是，李某背上果然冒出了蓝色的汗珠，而且如钢笔水一样

△ 为什么人会出绿汗

蓝。经询问，李某出现蓝汗后并没有什么不适，蓝汗没有影响他的正常生活。头一次遇到这种怪病的医生对李某的汗液进行化验，先让李某回家进行观察，并坚持每日洗澡。几日后，李某再次来到医院进行复查，结果未经治疗李某身上的蓝汗竟奇怪地消失了，李某的汗液又恢复到正常的透明状态。据该院的李院长介绍，在李某之前，以治疗皮肤病见长的市七院从未遇到蓝汗这种奇怪的病。

一、冒色汗的缘由专家观点不一

记者查阅相关资料，发现大多数专家认为出现色汗的原因可能有两种：一种是服用一些药物后导致人分泌色汗；一种是寄生的细菌产生有色物质。

治疗"绿汗人"的广州医院主任医师认为，古医书上有记载有关红汗（血汗）、蓝汗、黄汗的记载，但对绿汗没有记载。

出现红蓝黄汗的可能性一是服用有关药物后导致，另外是体内寄生虫细菌产生有色物质导致。至于周某出绿汗的原因可以排除服药的可能，因他最近未服药物，衬衣的化学反应也不存在，周某的饮食与其他人也没有区别，家里几代人也都没有出绿汗的症状，可排除遗传病史。至于冒绿汗是不是因周某自己体内寄生虫或细菌引起的，具体的原因还需对所出的汗液作进一步检查后才能确诊。

大学生命科学学院苏教授推测，"有色汗"很有可能和吸入体内的物质有关。可能是通过饮食、空气接触等吸入了不明物质，其中含有部分周先生身体本身无法分解的色素酶，只得通过皮肤汗液排泄，这跟唾液、尿液排泄未分解元素原理一致。苏教授认为，如未分解元素通过皮肤排泄，应该已经进入血液，她建议对周先生的血液成分作进一步的检测化验。

广东省某医院内分泌科主任介绍，传统中医将有颜色的汗称为"汗症"。书籍上有记载的"红汗"其实是指外感热病的患者，正邪两旺，邪气通过流鼻血排放，缓解体温，红汗说的是"鼻血"而非红色的汗水。而所谓黄汗，最早记载于《金匮药略》，说的是人刚刚出汗就浸透到冻水里，湿热封锁在体内交蒸，此时出现发热冒汗能将衣服染成黄色。至于"绿汗"，陈主任推测其与物质中毒有关，中医五行理论上，与绿接近的是"青"，对应木、肝，建议周先生从肝胆湿热的角度进行检查。

二、"绿汗人"不治而愈，专家的结论是大汗腺功能失调造成

记者打电话终于找到周某，据周某本人称，自己出"绿汗"只连续出了3天，以颈部、腋下最为明显。但到5月31日下午就自行痊愈，以后所出的汗跟正常人无异，再也没有出现"绿汗"的现象。

在周某到广州某医院就诊后，该院再次组织医学专家对周某出"绿汗"现象进行系统会诊。根据周某检测结果和饮食、接触、药物、遗传、细菌等情况，可排除化学物质反应、药物反应、细菌引起及饮食和遗传方面的因素。专家们一致认定，周某出现的"绿汗"是大汗腺功能失调导致的。

该院副院长、内分泌专家介绍说，在详细的化验结果未出来之前，曾考虑是细菌产生有色物质引起的可能性和自身汗腺功能失调导致的，但通过检测现已排除细菌因素。那么现在可以确诊导致周某出"绿汗"的原因就是其自身的大汗腺功能失调造成的。

三、"色汗症"在医学上并不新鲜

某院皮肤科专家认为，出现"黄汗"、"红汗"、"蓝汗"、"绿汗"都统称为"色汗症"。"色汗症"在医学上也不算非常少见。她给记者看的一本皮肤科的教材上就有"色汗症"的论述。

她告诉记者，汗液主要由人体的汗腺分泌，汗腺有大汗腺和小汗腺之分。大汗腺主要集中在腋窝和阴部等部位，小汗腺则分布于皮肤表面。"色汗症"也有大汗腺色汗症和小汗腺色汗症两种。

　　大汗腺色汗症常局限于面部及腋窝，汗液含有较多脂褐质或高氧状态的脂褐质。一般在青春期随着大汗腺活动开始发生，发病与季节和职业无明显关系。

　　面部色汗多见于白种人，由异位大汗腺所产生。男女均可发生，常位于面颊，主要是颧骨凸出部位，也见于额头及眼睑，这些部位的色汗常是蓝色或青黑色。腋部色汗多见于男性黑种人，东方人比较少见。腋部色汗常为黄色，也可是绿色、蓝色、青黑色。

　　小汗腺色汗症可局限于身体的某一部位，也可遍布全身。产生原因与大汗腺不同，是由于汗液被微生物如毛孢子菌、棒状杆菌产生的色素或其他化学物质染色，这实际上是一种假性色汗症。例如，接触铜的工作人员皮肤表面有铜的沉积，可把汗液染成蓝色或绿色。假性色汗症也可见于大汗腺部位。

　　除了上面提到的之外，某些药物也可引起色汗，如注射亚甲蓝可以使汗液成青色，内服氯苯吩嗪可使汗液成红色。她说，"色汗症"目前没有效治疗方法。用药物或放射线抑制汗腺分泌或用外科手术切除方法也并不理想。